AF872531

Mit dem Kochlöffel durch die deutsche Geschichte

REGIONALIA
VERLAG

Bildnachweis
Fotolia: S. 5 © Vladimir Wrangel, S. 7 © andersphoto, S. 9 © Erica Guilane-Nachez, S. 10 © martialred, S. 11 © mojolo, S. 19 © barmaleyart, S. 26-27 © Christian Bieri, S. 31 © shaiith, S. 35 © HLPhoto, S. 37 © kolesnikovserg, S.48 © Thobie, S. 50 © M. Schuppich , S. 55 © Gresei, S. 56 © by-studio, S. 57 © some.oner, S. 62 © bergamont , S. 65 © Inga Nielsen, S. 67 © Bertold Werkmann, S. 71 © Barbara Pheby, S. 77 © M.studio, S. 87 © Christian Schwier, S. 90-91 © JFL Photography, S. 93 © Printemps, S. 95 © Dionisvera, S. 101 © marcfotodesign, S. 103 © i-picture, S. 104 © Gresei , S. 107 © pixarno, S. 113 © Va- lentina R., S. 121 © Carmen Steiner ,S. 123 © laufer , S. 125 © Otto Durst, S. 123 © Heike Rau, S. 125 © cut, S. 127 © lantapix
Umschlag: © alter_photo, © fotoknips, © mbongo
Design: © eleonora_77, © Ramona Kaulitzki, © Christos Georghiou
Alle anderen: gemeinfrei

Mit dem Kochlöffel durch die deutsche Geschichte
50 historische Kochrezepte aus zwei Jahrtausenden

8. Auflage 2026

Alle Rechte vorbehalten

Regionalia Verlag
ein Imprint der Kraterleuchten GmbH
Gartenstraße 3, 54550 Daun

Bei Fragen zur Produktsicherheit wenden Sie sich an:
gpsr@kraterleuchten.com

Einbandgestaltung, Layout und Satz:
Lydia Muhr, Liga-Medien.de Ltd. & Co KG, Niederkassel

Hergestellt in der Europäischen Union, Finidr, CZ

ISBN 978-3-95540-238-9

FSC www.fsc.org MIX Papier aus verantwortungsvollen Quellen FSC® C014138

Inhalt

BUNDESRE
PFEN
EUTSCHE
RK
EPUBLIK DEUTS
BUNDESREPUBL
194

Vorwort

Die menschliche Geschichte ist unglaublich abwechslungsreich und wird begleitet von unzähligen bedeutsamen Ereignissen, Kriegen und zahlreichen Allianzen. Die Menschen an sich, und insbesondere die „Mächtigen“, sind nicht friedfertig, sondern kämpferisch und erfolgsorientiert. Das war schon immer so. Gewaltsame, kriegerische Auseinandersetzungen mit anderen Volksstämmen sowohl in nomadisierenden als auch in sesshaften Gesellschaften waren fast alltäglich.

Große Heerführer wie Hannibal, Alexander der Große, Dschingis Khan, Gaius Julius Cäsar sowie Könige und Kaiser unterschiedlichster Nationen eroberten und unterwarfen große Teile der Welt und waren dabei nicht gerade zimperlich.

So wie der Wandel der Welt sind auch die Nahrungsmittel ständigem Wechsel unterzogen. Wurden im alten Rom noch Braten von Flamingos, Papageien und Pfauen geschätzt, ist es aus heutiger Sicht undenkbar, dass solches Geflügel in unserer Gesellschaft auf den Tisch kommt. Denn das Verständnis von Nahrungsmitteln hat sich natürlich im Laufe der Jahrhunderte geändert.

In diesem Buch finden Sie eine Auswahl der interessantesten Persönlichkeiten der verschiedenen Zeitepochen und erfahren, was zu jenen Zeiten gegessen wurde. Natürlich haben wir auf die Speisen in Hungerzeiten verzichtet, als die Menschen nichts zu essen hatten und möglicherweise nur von Resten der leeren Äcker lebten.

Alle Rezepte in diesem Buch sind unseren heutigen Geschmacksnerven angeglichen. Klar ist auch, dass die Menschen weder in der vorchristlichen Zeit noch im Mittelalter über Elektroöfen verfügten, weshalb auch hier die Rezepte entsprechend angeglichen wurden.

Pariser
Platz

Vorchristliche Zeit

Die Welt vor Christi Geburt war eine römische Welt. Die Weltmacht Rom, das Imperium Romanum, beherrschte um den Zeitpunkt 27 v. Chr. bereits den gesamten Mittelmeerraum, auch der Westen und Süden Germaniens gehörte zum Römischen Reich.
In Deutschland finden sich heute noch zahlreiche Orte, an denen man die römische Geschichte spüren kann.
In den Jahren 58 bis 51 v. Chr. eroberte Gaius Julius Caesar Gallien. Dieses Gebiet bestand aus den heutigen Ländern Frankreich, Belgien, der Westschweiz und großen Teilen des linksrheinischen Deutschlands. Durch diese Eroberung wurde der Rhein zur Grenze zwischen den rechtsrheinischen Siedlungsgebieten germanischer Stämme und dem Römischen Imperium.
Jedoch hatten die Römer mit den germanischen Stämmen alle Hände voll zu tun, da diese regelmäßig in die gallischen Provinzen einfielen.
Nach jahrelangen Scharmützeln versuchten die Römer schließlich, neben der kriegerischen Niederwerfung mit diplomatischen Maßnahmen weitere Unruhen und militärische Auseinandersetzungen zu verhindern. Hochrangige germanische Führer wurden mit römischen Titeln geködert und zahlreiche Germanen traten unter römischer Herrschaft freiwillig in die Dienste römischer Legionen. Die Germanen sollten so nach und nach zu Römern werden. Einer dieser Germanen war Armin, der unter dem römischen Namen Arminius schon bald zu einer Legende werden sollte.

Arminius, „germanischer Römer“ und glorreicher Sieger der Varusschlacht

Als Sohn des Cheruskerfürsten Segimer wurde Arminius um das Jahr 17 v. Chr. in unruhigen Zeiten geboren. Einige Jahre nach Arminius' Geburt warf der römische Heerführer und spätere Kaiser Tiberius während seiner Germanenfeldzüge auch die Cherusker nieder, deren Gebiet sich von der oberen Weser bis zur Elbe erstreckte.
Manchen Quellen zufolge wurde Arminius mit seinem Bruder als Geisel nach Rom gebracht. Arminius (ursprünglich wahrscheinlich Armin) wurde von den Römern zu einem Tribun (Stabsoffizier) ausgebildet. Als solcher geleitete er das Heer des Tiberius bei Feld-

zügen durch Germanien. Er erhielt das römische Bürgerrecht und wurde in den Ritterstand erhoben.
Etwa im 7. Jahr n. Chr. kehrte Arminius als Kommandeur germanischer Hilfstruppen in seine Heimat zurück. Dort unterstand er Publius Quinctilius Varus, der Statthalter der gallischen Provinzen und Oberbefehlshaber über die Rhein-Legionen war. Da war Rom rechts des Rheins schon knapp zwanzig Jahre militärisch präsent. Varus hatte den Befehl, Germanien definitiv zu einer römischen Provinz zu machen. Die Germanen waren fortan die Untertanen des Römischen Imperiums und mussten Steuern zahlen. Vielleicht war das einer der Gründe für das tödliche Verhängnis, das sich über Varus zusammenzog.
Warum Arminius schlussendlich die Seiten wechselte, ist nicht überliefert. Klar ist aber, dass es unter seiner Führung im Jahr 9 n. Chr. zu einem blutigen Aufstand der Germanen kam. Arminius war es mit seiner diplomatischen Begabung gelungen, die zuvor zerstrittenen Stämme, unter anderem Cherusker, Chatten, Angrivarier, Marser und Brukterer, zu vereinen und gegen die Römer zu führen.
Viele der germanischen Kämpfer waren ausgebildet in der römischen Kampfkunst, da auch sie unter den Römern gedient hatten. In der nur drei Tage dauernden Varusschlacht wurde das gesamte römische Besatzungsheer, mit rund 20.000 Mann, niedergemetzelt und Varus beging noch auf dem Schlachtfeld Selbstmord. Auch dessen Nachfolger, Nero Claudius Germanicus, konnte Arminius nicht eindeutig besiegen und musste sich aus Germanien zurückziehen. Kaiser Tiberius verzichtete auf eine Wiedereroberung Germaniens.

Dass Arminius bei den Römern als Verräter galt, ist nicht verwunderlich. Aber auch auf der germanischen Seite wurde er wegen seiner angeblichen Machtgier angefeindet. Etwa um 19 oder 21 n. Chr. wurde Arminius ermordet, der oder die Täter sind unklar, angeblich sollen aber die eigenen Verwandten Hand an ihn gelegt haben. Nach dem Untergang des Römischen Reiches wurde Arminius während des Mittelalters vergessen. Doch anderthalb Jahrtausende nach seinem Tod sollte er als „Hermann", der „Befreier Deutschlands" wieder zu neuem Ruhm gelangen. Er wurde in der deutschen Geschichte zum Helden stilisiert und viele Menschen erlagen diesem Heldenmythos.
Auch Martin Luther war ein „Bewunderer" des Arminius und er verzeichnete: „So wie Hermann einst Rom erschüttert habe, so erschüttere nun er, Luther, ebenfalls Rom", in seinem Fall die päpstliche Kirche in Rom. Im Jahr 1875 wurde, passend zum nationalen Einheitsgefühl des 1871 gegründeten Kaiserreiches, im Teutoburger Wald die Statue von „Hermann dem Cherusker" eingeweiht.

Was genau Arminius, alias Hermann, auf seinen Kriegszügen gegessen hat, ist uns nicht bekannt. Anzunehmen ist, dass er auch als Cherusker die römischen Speisen, sowohl in Rom als auch im besetzten Germanien, genoss, da ja sowieso alles römisch war.

Erwähnenswert ist in diesem Zusammenhang das Apicius Kochbuch „De re coquinaria", eines der ältesten überlieferten Kochbücher der Welt.

Auch in diesem Buch finden sich unglaubliche Rezepte aus der Römerzeit, so dass es sich unbedingt lohnt, einen Blick zu riskieren. „Das Apicius Kochbuch aus der römischen Kaiserzeit" von Richard Gollmer erschien ebenfalls im Regionalia Verlag.

Wir können uns sehr gut vorstellen, dass Arminius die folgenden Gerichte vorgesetzt bekam.

Soldatenbrot

Für 2-4 Personen

Zubereitungszeit:
5 Minuten
(ohne Wartezeit)
Backzeit: 35 Minuten

Zutaten

500 g Dinkelmehl
15 g frische Hefe
1 TL Honig
½ TL Salz
3 EL Olivenöl

Außerdem
Etwas Mehl
zum Bestäuben
Backpapier

Zubereitung

1 Das Mehl in eine Rührschüssel geben. Hefe und Honig mit 200 ml warmem Wasser verrühren und zu dem Mehl geben. Das Salz ebenfalls mit 200 ml warmem Wasser zum Mehl geben und das Öl zufügen. Das Ganze kräftig zu einem glatten Teig kneten und daraus zwei flache Laibe formen. Die Brotlaibe mit Mehl bestäuben und 20–25 Minuten an einem warmen Ort gehen lassen. Den Backofen auf 180 °C vorheizen.

2 Die Brote auf das mit Backpapier ausgelegte Backblech legen und im Backofen etwa 35 Minuten goldbraun backen. Aus dem Ofen nehmen und auf einem Kuchengitter abkühlen lassen.

Frikadellen der Legionäre

Zubereitung

1 Alle Zutaten gründlich miteinander verkneten und abschmecken. Aus dem Fleischteig kleine Frikadellen formen.

2 In einer Pfanne das Öl erhitzen und die Frikadellen darin von beiden Seiten je nach Größe 10–15 Minuten braten.

Die Frikadellen können Sie auch, wenn Sie mögen, vor dem Braten in Sesamkörnern wälzen.

Für 2-4 Personen

Zubereitungszeit:
15 Minuten

Kochzeit: 10-15 Minuten

Zutaten

800 g Rinderhack oder halb und halb
125 g Griebenschmalz
50 g Pinienkerne
2 TL Pfeffer
1 TL Salz
1 TL Kümmel
1 TL Bohnenkraut
Jeweils 1/2 TL Rosmarin, Thymian, getrocknet
2 zerpflückte Lorbeerblätter

Außerdem
Öl zum Braten

Arminius –
Lieblingsnachspeise

Für 4 Personen

Zubereitungszeit:
15 Minuten

Backzeit: einige Minuten

Zutaten

400 g Ricottakäse
250–300 g Hartweizengrieß
Reichlich Fett
4 EL Honig
4 EL Mohn

Zubereitung

1 Ricotta und Grieß zu einem Teig mischen. Dazu den Grieß nach und nach unter den Käse geben, damit die Masse nicht zu trocken wird. Das Ganze zu kleinen Kugeln (etwa Pflaumengröße) formen.

2 Reichlich Fett in einem hohen Topf erhitzen und die Käsekugeln darin ausgebacken. Mit einem Schaumlöffel aus dem Topf heben und auf Küchenpapier abtropfen lassen. Dann zuerst in Honig und dann in Mohn wälzen, so dass die Kugeln vollständig mit Mohn überzogen sind.

Besonders lecker schmecken die Mohnkugeln, wenn Sie diese mit kleinen Aprikosenstücken, Cocktailkirschen oder mit Rosinen (zuvor in Rum einweichen) füllen.

M·CAELIVS
M·L
PRIVATVS
M·CAELIVS
M·L
THIAMINVS
M·CAELIO·T·F·LEM·BON
O·LEG·XIIX·ANN·LIII
CIDIT·BELLO·VARIANO·OSSA
NFERRE·LICEBIT·P·CAELIVS·T·F
LEM·FRATER·FECIT

Zeit nach den Römern

Der Untergang des Römischen Reiches

Nach der Varusschlacht war Germanien keine römische Provinz mehr, sondern ein freies und feindliches Land. Die Römer mussten erneut germanische Angriffe auf ihre Provinz Gallien oder gar auf Italien fürchten. Jedoch waren diese Befürchtungen der Römer unbegründet, denn die germanischen Stämme an Rhein und Nordsee blieben auch nach dem Sieg des Arminius bei ihrem Bündnis mit Rom. Die Germanen waren wohl zufrieden damit, dass sie ihre ursprüngliche Lebensweise und auch ihre Unabhängigkeit wiedergewonnen hatten. Der langsame, aber unaufhaltsame Zerfall des Römischen Reiches hatte andere Gründe. Schon lange bestand das Römische Heer nicht mehr nur aus römischen Bürgern, sondern immer mehr aus „barbarischen" Söldnern aus unterschiedlichen Stämmen. Hinzu kam, dass angesichts des riesigen Reiches die gesamte Stärke der Römischen Armee nicht mehr ausreichte, um die Grenzen zu schützen und an den verschiedenen Fronten erfolgreich Krieg führen zu können. Zudem gab es auch zahlreiche innenpolitische Probleme. Es zeigte sich, dass die römische Verwaltung mit der Zeit kaum noch gewinnbringend arbeitete, der Wirtschaft ging es immer schlechter und die finanzielle Kraft des Riesenreiches wurde immer schwächer.

Um das Jahr 313 n. Chr. erlangte schließlich Konstantin – bereits 306 n. Chr. zum Kaiser ausgerufen – durch mehrere Kriege im Namen des Christentums de facto die Herrschaft und regierte von 324 bis 337 als alleiniger Herrscher. Die letzte Glanzzeit erlebte Rom mit Kaiser Theodosius 379 bis 395. Nach seinem Tod wurde das Reich dann endgültig in ein West- und Ostreich getrennt.

Einen großen Anteil am Untergang des Imperium Romanum hatten die Hunnen, aber auch andere eindringende Stämme brachten das Römische Reich in immer stärkere Bedrängnis.

So eroberten die Hunnen 375 zuerst das Gebiet der Ostgoten und konnten dann auch die Westgoten besiegen. Weitere germanische Stämme mussten sich den Hunnen unterwerfen und schon bald begann sich ein Flüchtlingsstrom Richtung Westen zu bewegen. Die Flucht dieser germanischen Stämme wird als Wanderung der Völker bezeichnet. Somit ist in den Eroberungsfeldzügen der Hunnen der Auslöser für diese Völkerwanderung zu sehen, die die Herrschaft der Römer beenden und Europa für immer verändern sollte.

Die mit den Völkerwanderungen in ganz Europa einhergehende Bevölkerungsverschiebung bewirkte, dass sich verschiedene eigenständige Gebiete germanischer Stämme auf römischem Boden bildeten. Alemannen, Sweben, Langobarden, Franken, Sachsen, Thüringer, Goten, Alanen, Burgunder, Angeln, Sachsen, Vandalen und Jüten – alle diese Stämme waren germanische Stämme. Germanen ist in der Sprachbezeichnung ein Begriff für verschiedene Völkergruppen in Nord-, Ost- und Mitteleuropa, die Gruppen selbst kannten keine Bezeichnung für ihre Gesamtheit.
Das römische Westreich geriet durch die Völkerwanderung und die Bedrohung der Germanen immer mehr unter Druck, bis es schließlich 410 durch den Gotenkönig Alarich erobert wurde. Während Ostrom bis zur Eroberung Konstantinopels 1453 durch die Osmanen bestehen blieb, zerfiel das Westreich 476 endgültig.

Als großer Heerführer der Hunnen ist sicherlich Attila der Hunnenkönig eine wichtige Figur der Zeitgeschichte. Sein Reich erstreckte sich damals vom Rhein bis zum Kaukasus und umfasste auch verschiedene germanische Völker. Zunächst unterhielt Attila gute Kontakte zum Römischen Reich. Im Jahr 450 stellte Markain, Kaiser des oströmischen Reichs, die Tributzahlungen an die Hunnen ein, was für Attila große finanzielle Einbußen bedeutete. Im gleichen Jahr griff Attila Roms reichste Provinz Gallien an. 451 eroberte er Metz und Reims und fiel im Jahr 452 mit seinen Hunnenkriegern in Italien ein. Aquiliea wurde völlig zerstört, Mailand, Bergamo und viele weitere Städte wurden eingenommen, aber eine Eroberung Roms gelang ihm dennoch nicht.

Alarich I., Westgotischer Heerführer und Plünderer Roms

Alarich I. (370-410 n. Chr.) erschütterte durch die Eroberung Roms die damalige Welt. Im Jahr 410 drang er in die ewige Stadt ein. Drei Tage und Nächte ließ er die Stadt plündern, wobei er aber die Kirchen und alle Menschen, die sich in diesen befanden, verschonte, da er selbst Christ war. Bei dieser Plünderung wurden unersetzliche Kunstschätze geraubt. Nach diesem Raubzug zog er weiter, um nach Africa, eine römische Provinz, über- und seinen Beutezug fortzusetzen. Auf dem Weg dorthin, gegen Ende des Jahres 410, starb der König der Westgoten in Süditalien. Er wurde wahrscheinlich bei Consenza begraben, angeblich im Bett des zu diesem Zwecke trockengelegten Flusses Busento. Bei seinen Raubzügen hatte Alarich angeblich einen Schatz angesammelt, dessen Wert sich heute auf über eine Milliarde Euro belaufen dürfte.

Schon seit Jahrhunderten kommen Archäologen und Schatzsucher auf den Spuren Alarichs in die Gegend von Consenza. Angeblich schickte sogar Hitler eine Goldgräbertruppe unter der Leitung von Heinrich Himmler dorthin, um den Schatz zu finden.
Die Germanen gingen im Vergleich zu den Römern bei der Zubereitung ihrer Nahrung nicht besonders raffiniert vor. Sie verfügten schlicht und ergreifend nicht über entsprechenden Zutaten und Gewürze.
Da Alarich auf seinen Beutezügen und Plünderungen aber viel „rumgekommen“ war, ist anzunehmen, dass er die jeweiligen Köstlichkeiten in den römischen Zeiten geschätzt und gut gegessen hat.

Römischer Hühnersalat

Für 4 Personen

Zubereitungszeit: 30 Minuten (ohne Wartezeit)

Kochzeit: 15–17 Minuten

Zubereitung

1 Das Kalbsbries sorgfältig enthäuten und über Nacht wässern. Am Folgetag den Ingwer schälen und fein hacken. Dass Vollkornbrot in dünne Scheiben schneiden. Die Hähnchenbrustfilets waschen und trockentupfen. Das Öl in einer Pfanne erhitzen und das Fleisch darin von beiden Seiten anbraten, mit Salz und Pfeffer würzen und bei mittlerer Hitze 5 Minuten fertig braten. Aus der Pfanne nehmen, abkühlen lassen und in kleine Stücke schneiden.

2 Die Pinienkerne in einer kleinen Pfanne ohne Fettzugabe leicht rösten. Vorsicht, dabei bleiben, damit die Pinienkerne nicht anbrennen! Die Zwiebeln schälen und in feine Ringe schneiden. Parmesan in feine Streifen schneiden. Die Gurke schälen und in dünne Scheiben schneiden. Koriander waschen, trockenschütteln und fein hacken. Das Bries aus dem Wasser nehmen, abtropfen lassen bzw. trockentupfen und in Streifen schneiden. Mit Salz würzen und dünn mit Mehl bestäuben. Öl und Butter in einer Pfanne erhitzen und das Bries darin etwa 10–12 Minuten von beiden Seiten braun braten.

3 Die Brotscheiben in eine Form legen. Die Fleischwürfel mit Käse und Gurken mischen und die Pinienkerne untermischen. Minze, Selleriesamen und Koriander in einem Mörser fein zerreiben und mit Ingwer, Honig, Rosinen, Essig, Wein, Olivenöl und Hühnerbrühe zu einer Soße verrühren. Die Soße zum Fleisch geben, das Ganze gut mischen und über den Brotscheiben verteilen. Die Zwiebelringe und das Bries darüber verteilen und servieren.

Dieses Gericht stammt aus der antiken römischen Küche und wurde wohl als Vorspeise serviert. Es findet sich im Kochbuch des Apicius.

Zutaten

Für das Kalbsbries

150 g Kalbsbries
Salz
Mehl
2 EL Öl
2 EL Butter

Für den Salat

1 Stk. frischer Ingwer, etwa 3–4 cm
200 g Vollkornbrot
2 große Hähnchenbrustfilets
2 EL ÖL
Salz
Pfeffer
100 g Pinienkerne
2 Zwiebeln
250 g Parmesan
1 Salatgurke
1 Bund frischer Koriander
½ TL getrocknete Minze
½ TL Selleriesamen
1–2 EL Honig
1 Tasse Rosinen
2 EL Essig
2 EL Marsalawein
2 EL Olivenöl
2 EL Hühnerbrühe

Rindergulasch

Für 4 Personen

Zubereitungszeit:
15 Minuten
Kochzeit: 2 ½–3 Stunden

Zutaten

150 g Speck
1,5 kg Rindergulasch
120 g Mehl
4 EL Öl
500 ml Rotwein, ggf. mehr
Salz
Pfeffer
2 TL Thymian, getrocknet

Zubereitung

1 Den Speck in Würfel schneiden. Die Fleischwürfel in eine Schüssel geben und mit dem Mehl von allen Seiten bestäuben. In einem Schmortopf 1 Esslöffel Öl erhitzen und den Speck darin auslassen. Das bemehlte Fleisch in den Topf geben, anrösten und dabei gründlich umrühren. Wenn das Fleisch von allen Seiten gebräunt ist, den Wein allmählich hinzufügen. Mit Salz, Pfeffer und Thymian würzen.

2 Das Ganze 2 ½ bis 3 Stunden bei kleiner Hitze köcheln lassen. Dabei hin und wieder umrühren, prüfen ob genug Flüssigkeit vorhanden ist (ggf. Wasser oder Wein nachgießen), damit nichts am Boden haften bleibt. Das Gulasch heiß servieren.

Dieses einfache Gericht wurde sicherlich auch auf den Kriegszügen der damaligen Zeit zubereitet. In einem Kessel auf offenem Feuer war das sicherlich kein Problem. Grundsätzlich war dieses Gericht Teil einer religiösen Zeremonie, die der Gesundheit des eigenen Viehbestandes dienen sollte. Auch den Sklaven wurde zum Erhalt der Leistungsfähigkeit Rindergulasch serviert, das alternativ auch mit Lamm- oder Ziegenfleisch zubereitet wurde.

Salzig-süße Datteln

Für 4 Personen

Zubereitungszeit:
15 Minuten

Zutaten

16 Datteln
16 Mandeln
Etwa 4 EL Salz
10–14 EL Honig

Zubereitung

1 Die Datteln aufschneiden und die Kerne entfernen. Die Datteln mit den Mandeln füllen und wieder zusammendrücken. Die gefüllten Datteln in reichlich Salz wenden, so dass sie dick von Salz bedeckt sind.

2 Den Honig in der Pfanne bei geringer Hitze erwärmen. Die Datteln in den Honig geben, umrühren, bis die Datteln von allen Seiten mit dem Honig bedeckt und heiß sind. Gegebenenfalls mehrere Portionen zubereiten. Die Datteln aus der Pfanne nehmen und auf einem flachen Teller anrichten.

Die Datteln sollen zwar heiß gegessen werden, doch Vorsicht, an dem heißen Honig kann man sich Finger und Mund verbrennen!

Mittelalter

Die Zeit des Mittelalters in der Geschichte Deutschlands wird in drei Zeitphasen und mehrere Herrscherphasen untergliedert.
Das Frühmittelalter hatte seine Zeit vom 6. Jahrhundert bis etwa Mitte des 11. Jahrhunderts und war die Epoche der Merowinger, Karolinger und Ottonen.
Das Hochmittelalter beginnt etwa Mitte des 11. Jahrhunderts bis circa 1250 und war die Zeit der Salier und Staufer.
Das Spätmittelalter ist die Phase von etwa 1250 bis circa 1500 unter den Habsburgern und Luxemburgern.

Die Völkerwanderung

Die Wanderbewegungen vor allem der germanischen Stämme in Mittel- und Südeuropa werden geschichtlich als Völkerwanderung bezeichnet. Sie begann mit dem Einzug der Hunnen nach Europa etwa 375/376 und endete mit dem Einfall der Langobarden in Italien im Jahr 568.
Von Forschern wird die Zeit der Völkerwanderung als Bindeglied zwischen der Spätantike und dem frühem Mittelalter angesehen. Mit dem Ende der Völkerwanderung begann, zumindest in West- und Mitteleuropa, endgültig das Frühmittelalter, der Übertritt ins 6. Jahrhundert war somit fließend.
Die Völkerwanderung in Europa war ein vielschichtiger, über zwei Jahrhunderte dauernder Vorgang, welcher totale Reformen der germanischen und romanischen Bevölkerungsgruppen zur Folge hatte und die politische, soziale und kulturell-religiöse Struktur Europas prägte.
Als Auslöser der Wanderungen gelten verschiedene Ursachen. Einerseits verursachte die stetig wachsende Bevölkerung der Germanen eine Landknappheit und andererseits reichten die Erträge des Ackerbaus, wegen der sich stark verschlechternden klimatischen Bedingungen, nicht mehr aus, die Ernährungsgrundlage zu sichern.
Viele Mythen ranken sich um die germanischen Stämme. Die Römer hielten ihre Nachbarn jenseits des Limes für unzivilisiert und warfen den Germanen ihre „primitive“ Lebensweise vor. Sie glaubten zum Beispiel, die „barbarischen“ Germanen würden sich hauptsächlich von Fleisch ernähren und besonders gerne ausschweifende Saufgelage feiern.

Grundsätzlich unterschied sich die Ernährung im Frühmittelalter in weiten Teilen von der Nahrung der späteren Jahrhunderte, denn die frühmittelalterliche Küche wurde noch von der antiken Kochkunst der Römer beeinflusst. Im Mittelalter war besonders die ärmere Bevölkerung mit Hunger und Not konfrontiert. Im Frühmittelalter musste ein Bauer einen großen Teil seiner Ernte an seinen Lehnsherren abgeben, denn durch die Grundherrschaft waren die Bauern Abhängige bzw. Leibeigene des jeweiligen Grundherrn.
Auch wenn die mittelalterliche Küche vom Früh- bis zum Spätmittelalter eine große Vielfalt an Lebensmitteln aufwies, so war diese Fülle doch dem Klerus und dem Adel vorbehalten. Die Hauptmahlzeit der armen Bevölkerung bestand aus Brot, Kraut, Rüben und Bohnen.

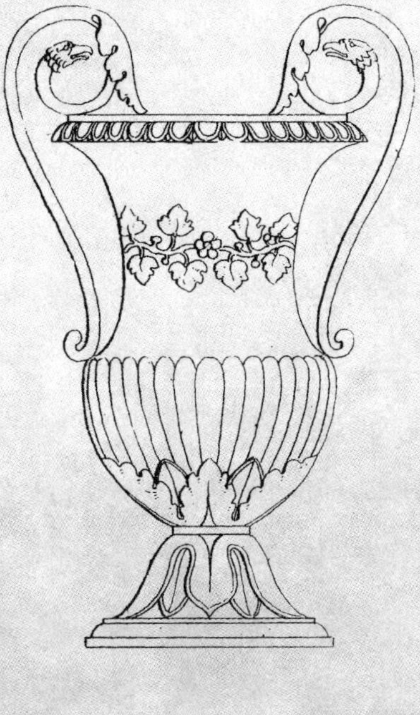

BLB 2/45

Dinkelbrot

Für 4 Personen

Zubereitungszeit:
20 Minuten
(ohne Wartezeit)
Backzeit: 60 Minuten

Zutaten

½ Würfel Hefe
1 TL Zucker
150 g helles Dinkelmehl
250 g Dinkel-Vollkornmehl
250 g Dinkel-Vollkornschrot
2 TL Salz

Außerdem
Butter für die Form

Zubereitung

1 Die Hefe in eine Tasse bröckeln und mit etwas lauwarmem Wasser glatt rühren. Zucker und etwas Mehl dazugeben und das Ganze abgedeckt etwa 15 Minuten gehen lassen. Den Vorteig mit den übrigen Zutaten und 600 ml lauwarmem Wasser in eine Schüssel geben und zu einem glatten Teig kneten. Abgedeckt weitere 30 Minuten gehen lassen.

2 Eine Kastenform (30 cm) mit der Butter einfetten und den Teig einfüllen. Auf der untersten Schiene des Backofens bei 220 °C etwa 60 Minuten backen. Etwas abkühlen lassen, aus der Form nehmen und vor dem Anschnitt vollständig abkühlen lassen.

Der bekannten Äbtissin Hildegard von Bingen (1098 – 1179) war Dinkel in der Ernährung besonders wichtig. Für sie war Dinkel das beste Getreide.

Senfblätterbutter

Zubereitung

1 Die Butter auf Zimmerwärme bringen. Die Senfblätter reinigen, fein hacken und unter die Butter kneten. Mit Salz abschmecken und in einem Buttergefäß im Kühlschrank wieder fest werden lassen.

Die Senfblätterbutter schmeckt sehr gut zum Dinkelbrot.

Für 4 Personen

Zubereitungszeit:
5 Minuten
(ohne Wartezeit)

Zutaten

250 g Butter
einige junge Senfblätter
Salz

Süßer Brotauflauf

Für 4 Personen

Zubereitungszeit:
10 Minuten
(ohne Wartezeit)

Backzeit: 30 Minuten

Zutaten

500 g Brotbrösel
(Schwarzbrot oder
Vollkornbrot,
auch gemischt)

1/4 L Wein

250 g Butter

250 g Zucker

8 Eier

1 Packg. Backpulver

1 Packg. Vanillezucker

Zubereitung

1 Die Brotbrösel in Wein einweichen, etwas quellen lassen. Die Masse soll nicht zu flüssig werden. Ggf. mehr oder weniger Flüssigkeit oder Brot dazugeben.

2 Die Butter mit dem Zucker schaumig schlagen. Die Eier nach und nach dazugeben. Backpulver und Vanillezucker gut mit der Masse vermischen.

3 Diesen Teig mit den eingeweichten Brotbröseln gut verrühren und in eine Auflaufform füllen. Im Backofen bei 180 °C etwa 30 Minuten backen. Den Auflauf noch warm auf Desserttellern anrichten und mit Vanillesoße oder Kompott reichen.

Karl der Große

Ob Karl der Große nun Deutscher, Franzose oder gar Vater Europas war, ist nicht die Frage. Denn da es Nationalstaaten nach heutigem Verständnis vor rund 1200 Jahren gar nicht gab, war er weder das eine noch das andere. Er selbst sah sich als Nachfolger der römischen Kaiser.
Der aus dem Geschlecht der Karolinger (die Karolinger gehörten wie auch verschiedene andere Familiengeschlechter zum Frankenreich) stammende Karl wurde wahrscheinlich 747 geboren und war – zeitweise mit seinem Bruder Karlmann – von 768 bis 814 König des Fränkischen Reichs. Das Frankenreich erstreckte sich in jener Zeit vom heutigen Thüringen über Friesland bis zur französischen Atlantikküste. Zum Schutz seines Reiches und um die Grenzen zu festigen, führte Karl jahrelang einen Mehrfrontenkrieg. Dabei war es ein westgermanischer Volksstamm – die Sachsen –, der sich heftig gegen die Christianisierung auflehnte und den Frankenkönig sehr erfolgreich in Aufregung versetzte. Die Sachsen kamen immer wieder aus dem Hinterhalt der Wälder Norddeutschlands und überfielen die übermächtigen Franken. Im Gegenzug drangen die fränkischen Truppen immer wieder in das Gebiet der Sachsen vor. Die eroberten Gebiete wurden entvölkert und in der Folge gelang es Karl dem Großen, die Sachsenstämme zu schlagen und das Land östlich und westlich der Weser zu besetzen. Schließlich war im Jahr 804 der sächsische Widerstand vollständig gebrochen. Die Sachsenkriege dauerten insgesamt 32 Jahre.
Auf dem Gipfel seiner Macht, sein Reich erstreckte sich von der Nordsee bis nach Mittelitalien, von den Pyrenäen bis ins heutige Ungarn, wurde Karl als mächtigster Herrscher

seiner Zeit zum ersten abendländischen Kaiser des Mittelalters gekrönt. Am 25. Dezember 800 erlangte er als erster westeuropäischer Herrscher seit der Antike die Kaiserwürde, die mit ihm erneuert wurde. Durch die in Rom vollzogene Krönungszeremonie wurde Karls Führungsrolle in der lateinischen Kirche und seine Vormachtstellung über den Papst bestätigt.

Karl reorganisierte die Erzbistümer und verordnete den Klöstern neue Bildungsreformen, die den Bildungsstand der Christen verbessern sollten. Im Rahmen dessen hatten viele Mönche lesen und schreiben gelernt. Zudem wurden sie dazu verpflichtet, die damals handgeschriebenen Bücher zu sammeln und zu kopieren. Alte, meist säkulare handschriftliche Aufzeichnungen wurden abgeschrieben und blieben so in der Nachfolge erhalten.

Bildung allgemein, Dichtung und Baukunst erhielten unter Karl dem Großen einen erheblichen Aufstieg. Selbst kulturell interessiert, versammelte Karl gezielt mehrere Gelehrte um sich, und so war sein Hof nicht nur politisches Zentrum, sondern auch Mittelpunkt großer Gelehrsamkeit, von wo viele neue Reformen ausgingen. Unter seiner Herrschaft nahm die Gesetzgebung, die Karl selbst ausgiebig nutzte, eine wichtige Rolle ein. Er schaffte eine weitgehend einheitliche Gesetzgebung und das Gerichtswesen und die Rechtsprechung wurden ebenfalls reformiert.

Bereits zu Lebzeiten führte Karl den Titel „der Große". Er hatte nach dem Untergang des Römischen Reiches das größte Imperium unter seiner Herrschaft vereinigt. Nach einer außergewöhnlich langen Regierungszeit von 46 Jahren starb der Kaiser am 28. Januar 814 in Aachen.

Karl der Große war größtenteils auf Feldzügen und Reisen unterwegs und daher in seinen Gewohnheiten sehr anspruchslos, das galt auch für das Essen. Er hasste Trunksucht und trank nur sehr wenig Wein.

Karl der Große liebte vor allem gebratenes Fleisch, besonders gerne aß er Wildfleisch. Auch Früchten war der Herrscher sehr zugetan. So heißt es, dass rund 200 Birnenarten in Aachen zu Zeiten Karls gezüchtet wurden.

Wildschweinkeule

Für 4 Personen

Zubereitungszeit: 20 Minuten

Kochzeit: 2 Stunden

Zutaten

1 kg Wildschwein, aus der Keule
10 Wacholderbeeren
Salz
Pfeffer
1 TL Majoran, getrocknet
130 g Speck, in feinen Scheiben
1 Zwiebel
1 Möhre
1 Petersilienwurzel
2 EL Butterschmalz
250 ml Fleischbrühe
250 ml Rotwein
250 ml Sahne
20 g Speisestärke

Außerdem
Petersilie zum Garnieren

Zubereitung

1 Das Fleisch waschen und gut trockentupfen. Die Wacholderbeeren im Mörser zerdrücken. Das Fleisch mit den Beeren, Salz, Pfeffer und Majoran von allen Seiten einreiben. Anschließend mit den Speckscheiben umwickeln. Zwiebel, Möhre und Petersilienwurzel schälen und in grobe Stücke schneiden.

2 Das Butterschmalz in einer Kasserolle erhitzen und das Fleisch darin von allen Seiten kräftig anbraten. Das Gemüse dazugeben und kurz anrösten. Mit der heißen Brühe ablöschen und im Backofen bei 180 °C etwa 2 Stunden garen lassen. Dabei nach und nach den Rotwein zugießen und den Braten nach der Hälfte der Garzeit drehen und immer wieder mit dem Sud übergießen.

3 Den Topf aus dem Ofen nehmen, das Fleisch warm halten. Den Fleischsud zum Kochen bringen, die Hitze reduzieren, die Sahne mit der Speisestärke verrühren und die Soße damit binden. Das Fleisch in nicht zu dicke Scheiben schneiden, auf einer Fleischplatte anrichten, mit etwas Soße und der Petersilie garnieren. Übrige Soße separat reichen.

Gefüllte Tauben

Für 4 Personen

Zubereitungszeit:
35 Minuten

Kochzeit: 30–40 Minuten

Zutaten

4 Tauben mit Innereien
Salz
Pfeffer

Für die Füllung

1 Brötchen (altbacken)
4 EL Milch
200 g Geflügelleber
2 Schalotten
1 Bund Petersilie
2 EL Butter
1 Ei
Etwas Semmelbrösel
Butterschmalz, zum Braten

Für die Soße

250 ml Fleischbrühe
geeiste Butter
1 EL gehackte Petersilie

Außerdem

Holzstäbchen

Zubereitung

1 Die Tauben gründlich waschen, trockentupfen und von innen und außen mit Salz und Pfeffer einreiben. Die Innereien ebenfalls waschen, trockentupfen und fein hacken.

2 Für die Füllung das Brötchen in der Milch einweichen. Die Geflügelleber waschen, trockentupfen und fein hacken. Die Schalotten schälen und in kleine Würfel schneiden. Die Petersilie gründlich waschen, trockenschleudern und fein hacken.

3 In einer Pfanne die Butter auslassen und die Schalottenwürfel darin kurz anrösten. Die Innereien und die Leber dazugeben und kurz andünsten. Die Petersilie einrühren und kurz durchschwenken. Die Pfanne von der Herdplatte ziehen und die Masse abkühlen lassen. Die Mischung mit Ei und Semmelbröseln binden und zu einer glatten Masse verarbeiten. Den Backofen auf 180 °C vorheizen.

4 Die Tauben mit der Masse füllen und mit Holzstäbchen verschließen. Die Tauben in einen Bräter setzen, mit zerlassenem Butterschmalz begießen und im Backofen 30–40 Minuten garen. Dabei immer wieder mit dem Bratenfond begießen.

5 Die Tauben aus dem Ofen nehmen und warm stellen. Den Bratenfond mit der Brühe loskochen und etwas einkochen lassen. Die Soße mit Salz und Pfeffer abschmecken und mit geeister Butter binden. Die Tauben auf einer Servierplatte anrichten, mit etwas Soße begießen und der Petersilie bestreuen. Die restliche Soße separat mit Kartoffeln und Gemüse der Saison servieren.

Birnenpudding

Zubereitung

1 Die Birnen waschen, schälen, entkernen und klein schneiden. Den Wein mit der Butter erhitzen, die Birnen dazugeben und darin etwa 10 Minuten gar kochen.

2 Das Ganze mit dem Mixstab pürieren und mit Zucker und Zimt abschmecken. Die Sahne zufügen, die Eigelbe zuerst mit etwas von dieser Masse verrühren und dann gut unter die übrige Masse rühren. Unter ständigem Rühren auf mäßiger Hitze andicken lassen. Dann in Dessertschälchen portionieren und erkalten lassen.

Für 4 Personen

Zubereitungszeit: 25 Minuten

Kochzeit: 10 Minuten

Zutaten

- 500 g reife Birnen
- 150 ml Weißwein
- 20 g Butter
- 50 g Zucker
- Etwas Zimt
- 4 EL Sahne
- 3 Eigelb

Frühe Neuzeit

Der Begriff Neuzeit bezeichnet die sich an das Mittelalter anschließende und bis in die Gegenwart reichende geschichtliche Epoche. Von Historikern wird für Europa der Zeitraum von 1450 bis 1500 als Übergangszeit vom Mittelalter zur Neuzeit angesetzt.
Das Zeitalter der Neuzeit wird weiter untergliedert in:

Frühe Neuzeit: 1450 bis 1789 (Französische Revolution)
Neuere Geschichte: 1789 bis 1917 (Erster Weltkrieg – insbesondere der Eintritt der USA in den Krieg – und russische Oktoberrevolution)
Neueste Geschichte: 1917 bis zur Gegenwart
Wie bei vielen Geschichtsepochen sind die genauen Anfänge und Schlusspunkte der Frühen Neuzeit unklar bzw. umstritten. Historiker sind sich jedoch darüber einig, dass entscheidende Ereignisse den Beginn der Frühen Neuzeit anzeigen, unter anderem:
der Beginn der Kolonialisierung Amerikas und die Vergrößerung der Herrschaftsgebiete der Kolonialmächte England, Spanien, Frankreich und der Niederlande.
Als Folge der Entdeckung Amerikas, der sogenannten Neuen Welt, kamen nicht nur neue Waren in die Alte Welt, das heutige Europa. Auch das Weltbild änderte sich und neue, revolutionäre Ideen machten sich breit, wie z.B. die Erfindung des Buchdrucks. Hierdurch konnten Wissen und Informationen erstmals massenhaft verbreitet werden.
Auch die vor allem von Martin Luther ausgelöste Reformation, wodurch das Christentum geteilt wurde, hatte weitreichende Folgen. Unter anderem verlor die katholische Kirche mehr und mehr an weltlicher Macht.

Maximilian I. von Habsburg

Maximilian I., ein Sohn Friedrichs III., inszenierte sich als Ritter, war ständig in Geldnot, zeugte 30 illegitime Kinder und betrieb eine fruchtbare Heiratspolitik.
Geboren am 22. März 1459 in der Wiener Neustadt wurde er am 16. Februar 1486 zum römisch-deutschen König gewählt und am 9. April im Aachener Dom gekrönt.
Er scheute keine kriegerischen Auseinandersetzungen, innerhalb von etwa 40 Jahren führte er 25 Feldzüge. Die Kaiser-Krönung gestaltete sich aufgrund seiner Kriege schwierig, erst 1508 ließ er sich in Trient zum „Erwählten Römischen Kaiser“ ausrufen und zwar ohne

direkte Krönung durch den Papst. Dies war nicht möglich, da ihm auf dem Weg nach Rom die Venezianer, gegen die er Krieg führte, nicht durchziehen ließen; Papst Julius II. gab seinen Segen aus der Ferne dazu. Kaiser Maximilian I. ist einer der angesehensten habsburgischen Kaiser. Er zeichnete sich verantwortlich für den Aufstieg seiner Dynastie zur Weltmacht, denn durch reiche Erbschaften, Kriege und erfolgreiche Heiraten konnte er den Herrschaftsbereich der Habsburger beträchtlich ausbauen. Zum Beispiel konnte Maximilian im Landshuter Erbfolgekrieg (1504/05) Kufstein, Rattenberg, Kitzbühel und einige Orte in Oberösterreich gewinnen. Maximilian war hochgebildet, unterstützte den Humanismus, war ein Freund der Renaissance, hatte großes Interesse an Wissenschaft, Literatur und Kunst und förderte diese in hohem Maße. Als Kunstmäzen und Förderer der Wissenschaften stellte er sich in seiner Prunkverliebtheit zwar als typischer Renaissanceherrscher dar, doch gleichzeitig stilisierte sich Maximilian zum Idealbild des mittelalterlichen Ritters. Er erhielt den Beinamen „Der letzte Ritter“, da er das Ideal des alten burgundischen Rittertums verkörperte.

Trotz verschiedener Probleme schuf Maximilian das Fundament für einen modernen habsburgischen Fürstenstaat. Jedoch verursachten seine Reformbestrebungen, die Kriege und sein luxuriöser Lebensstil große finanzielle Belastungen. Die Kosten der zahlreichen Kriege und seiner prunkvollen Hofhaltung wurden keineswegs durch die laufenden Einnahmen gedeckt, so dass Maximilian ständig neue Kredite bei seinem Hausbankier Jakob Fugger aufnehmen musste. Als der Kaiser am 12. Januar 1519 in Wels (Oberösterreich) starb, hinterließ er einen enormen Schuldenberg.

Aufgrund seiner ausschweifenden Lebensweise ist anzunehmen, dass Maximilian I. gut gegessen hat. Genau wissen wir es nicht, dennoch ist es wahrscheinlich, dass die folgenden Gerichte den Weg auf seine Tafel fanden.

Medaillons vom Reh

Für 4 Personen

Zubereitungszeit: 10 Minuten

Kochzeit: 20 Minuten

Zutaten

Für die Medaillons:

8 Stück Rehmedaillons
1 EL Butterschmalz
Salz
Pfeffer

Für die Soße:

1 Schalotte
¼ L Rotwein
100 ml Johannisbeercassis
eiskalte Butter
1 EL gehackte Petersilie

Zubereitung

1 Das Fleisch waschen und gut trockentupfen. Das Butterschmalz in einer Pfanne erhitzen und die Medaillons darin von beiden Seiten kräftig anbraten. Das Fleisch mit Salz und Pfeffer würzen. Den Backofen auf 80 °C vorheizen, die Medaillons in die Fettpanne setzen und im Ofen etwa 20 Minuten garen lassen.

2 In der Zwischenzeit die Schalotte schälen, in kleine Würfel schneiden und im heißen Bratenfett anrösten. Mit Wein und Cassis ablöschen und bei mittlerer Hitze etwas einkochen lassen. Die Soße von der Herdplatte nehmen und mit der eiskalten Butter binden.

3 Die Rehmedaillons auf einer Fleischplatte anrichten, etwas von der Soße darübergießen, mit Petersilie garnieren und mit der restlichen Soße separat servieren.

Dinkelbier-Nachspeise

Zubereitung

1 Eigelbe in einer Schüssel mit dem Puderzucker verrühren und im heißen Wasserbad aufschlagen, bis eine cremige Masse entsteht. Das Wasserbad darf nicht kochen, da sonst die Eier flocken und das Gericht nicht gelingt.

2 Die Creme im Eiswasserbad kalt schlagen. Das Bier mit dem Schneebesen schaumig schlagen. Die Sahne mit einer Prise Zucker steif schlagen, zuerst unter den Bierschaum und anschließend unter die Eigelbmasse rühren. Den Dinkelschrot in der Pfanne anrösten und unter die Biermasse ziehen.

3 Diese Masse in kleine Förmchen füllen und abgedeckt mindestens sechs Stunden in den Tiefkühlschrank stellen. Die angefrorene Dinkelbier-Nachspeise aus den Förmchen nehmen und in Scheiben schneiden. Auf Desserttellern verteilen und mit Sahne oder Vanillesoße servieren.

Für 4 Personen

Zubereitungszeit:
20 Minuten
(ohne Wartezeit)

Zutaten

5 Eigelb
200 g Puderzucker
6 EL Dinkelbier
750 ml Sahne
1 Prise Zucker
100 g Dinkelschrot

Martin Luther

Martin Luther wurde am 10. November 1483 in Eisleben geboren. Er studierte in Erfurt die „sieben freien Künste", erhielt 1502 das Bakkalaureat, den ersten akademischen Grad, und wurde 1505 Magister. Sein stolzer Vater, dessen finanzieller Hintergrund es dem Sohn erlaubte zu studieren, hoffte nun, dass das daran anschließende Studium der Rechtswissenschaften ebenso gut verlaufen und Martin bald eine gut vergüterte Stellung als Jurist innehaben würde.

Doch am 2. Juli 1505 kam Luther bei Erfurt in ein schweres Gewitter. Aus Angst, vom Blitz erschlagen zu werden, gelobte er Mönch zu werden, wenn das Unwetter ihn verschone.

Zur Überraschung seiner Familie und der Freunde, man kannte ihn als lebensfrohen Menschen, trat er dem Bettelorden der Augustiner in Erfurt bei. Hier legte er 1506 sein Mönchsgelübde ab. 1507 wurde Luther zum Priester geweiht. In diesem Jahr begann er auch ein Theologiestudium in Erfurt. Er studierte Scholastik (eine Theologie und Wissenschaft verknüpfende Methodik des Mittelalters, die sich auf die antike Philosophie stützt), erfuhr von den Ideen der Humanisten und begrüßte ihre Losung „Ad Fontes!" – also „Zurück zu den Quellen" –, was für ihn hauptsächlich das Studium der griechischen und hebräischen Originale der Bibel (Bibelhumanismus) bedeutete. 1508 ging er an die neu gegründete Universität in Wittenberg und studierte dort Theologie. 1512 wurde er zum Doktor der Theologie ernannt, hielt fortan selber Vorlesungen und durchlief ein starkes Ringen um religiöse Erkenntnis. In dieser Zeit fand Luther zu einem ganz neuen Verständnis von Gottes Gerechtigkeit. Dieser Zeitpunkt wird auch die „reformatorische Entdeckung" genannt. Diese Endeckung soll Luther im Turm des Klosters gehabt haben, weshalb man auch vom „Turmerlebnis" spricht. Für sein Verständnis führte allein der Glaube zu Gottes Gnade und nicht kirchliche Mittel oder etwa der Ablass. Grundlage des Glaubens sei allein die Bibel und nicht die Auslegungen von Priestern oder Päpsten. Mit dieser Meinung war er bereits im Bruch mit den römisch-katholischen Lehren.

In jener Zeit war der Kauf von Ablassbriefen sehr beliebt. Ohne Beichte und vielleicht auch ohne Reue wollten sich die Menschen allein mit Geld von ihren Sünden loskaufen, wogegen sich Luther in seinen Predigten aussprach. Am 31.10.1517 schrieb er an seine kirchlichen Vorgesetzten, weil er hoffte, damit den Missstand beheben zu können. Diesen Briefen legte er die berühmten 95 Thesen bei. (Dass Luther seine 95 Thesen an die Tür der Schlosskirche zu Wittenberg genagelt haben soll, ist wahrscheinlich eine Legende). Der

Mainzer Kardinal Albrecht zeigte Luther in Rom an. Papst Leo X., der wie viele andere kirchliche Würdenträger jener Zeit seinen ausschweifenden Lebensstil und den Bau des Petersdoms mit dem Geld der Ablassbriefe finanzierte, war darüber nicht erfreut.

1518 wurde in Rom der Ketzerprozess gegen Luther eröffnet. Der Prozess ruhte, als Kaiser Maximilian 1519 starb und man mit der Suche nach einem Nachfolger beschäftigt war. Der Prozess gegen Luther wurde weitergeführt, nachdem Karl V. zum Kaiser gewählt worden war. Am 15. Juni 1520 wurde Luther der Ausschluss aus der Kirche angedroht, wenn er nicht innerhalb von 60 Tagen seine Behauptungen widerriefe. Luther widerrief nicht und so wurde er am 3. Januar 1521 exkommuniziert. Nach einer weiteren vergeblichen Aufforderung zum Widerruf, erließ der Kaiser das Wormser Edikt, das besagte, dass über Luther die Reichsacht verhängt, er somit aus der Gemeinschaft ausgeschlossen und rechtlos war, zudem wurde die Verbrennung aller seiner Schriften angeordnet.

Zu seinem Schutz wurde er am 4. Mai 1521 durch Soldaten von Friedrich dem Weisen entführt und auf die Wartburg bei Eisenach gebracht. Dort blieb er als „Junker Jörg“ bis zum 1. März 1522 und übersetzte das Neue Testament in nur elf Wochen ins Deutsche. Später folgte auch das Alte Testament, so dass 1534 die gesamte Bibel in deutscher Schrift vorlag, und sie somit auch dem einfachen Volk zugänglich und verständlich war. Der um 1450 erfundene Buchdruck sorgte zudem für die Verbreitung der Lutherbibel.

Luther kam am 6. März 1522 nach Wittenberg zurück und übernahm sogleich die Führung der Reformation. Innerhalb der Reformationsbewegung gab es nun aber Konflikte. Im Frühjahr 1525 ergriff Luther im Bauernkrieg Partei gegen die aufständischen Bauern (er stellte sich auf die Seite der Fürsten), die sich bislang durch Luther bestärkt gefühlt hatten und den Krieg verloren. Im Oktober 1524 beendete Luther sein Leben als Mönch und heiratete ein Jahr später Katharina von Bora, eine ehemalige Nonne. Das Paar bekam sechs Kinder. Martin Luther starb am 18. Februar 1546 in Eisleben.

Martin Luther liebte das Essen und auch das Trinken, er war kein Kostverächter. Es musste nicht die „gehobene“ Küche sein, ein guter Brathering und Erbsenpüree, dazu eine „Pfloschen“ Bier erfreuten den Gaumen des berühmten Reformators.

Bratheringe

Für 4 Personen

Zubereitungszeit: 25 Minuten

Kochzeit: 10 Minuten

Zutaten

Für die Heringe

8 küchenfertige, kleine grüne Heringe
1 Zitrone
6 EL Mehl
1 TL Salz
6 EL Sonnenblumenöl

Für das Erbsenpüree

250 g frische Erbsen, Gewicht ohne Schale
100 ml Gemüsebrühe
Salz
1 TL Butter

Zubereitung

1 Die Heringe unter kaltem Wasser gründlich abspülen und gut trockentupfen. Die Zitrone auspressen und die Fische mit Zitronensaft beträufeln. Das Mehl mit dem Salz mischen und auf einen flachen Teller geben. Die Heringe darin wenden, das überschüssiges Mehl abklopfen.

2 Die Erbsen in der Brühe etwa 5 Minuten garen. Die Erbsenmischung mit dem Pürierstab pürieren, mit Salz abschmecken und die Butter unterrühren. Das Püree warm halten.

3 Das Öl in einer großen Pfanne erhitzen und die Heringe darin etwa 5 Minuten braten. Das Püree auf flachen Tellern anrichten und jeweils zwei Heringe dazulegen.

Sie können die Bratheringe auch sauer einlegen. Das wurde in Zeiten des Mittelalters häufig gemacht, um so die Heringe länger haltbar zu machen. Dazu zwei Zwie beln schälen und in dünne Ringe schneiden. 350 ml Wasser mit 250 ml Weißweinessig, 200 g Zucker, Salz, 2 Lorbeerblättern und 1 TL Pfefferkörner so lange kochen lassen, bis sich der Zucker vollständig aufgelöst hat, gelegentlich umrühren. Weitere 350 ml kaltes Wasser in die Marinade rühren und dann abkühlen lassen. Die fertig gebratenen Heringe in eine Form legen und mit der Marinade übergießen und mit den Zwiebelringen abdecken. Die Form gut abdecken und die Heringe in der Marinade 1–2 Tage im Kühlschrank durchziehen lassen.

Gemüsesuppe

Für 4 Personen

Zubereitungszeit: 40 Minuten

Kochzeit: 30 Minuten

Zutaten

2 Zwiebeln
100 g frische grüne Bohnen
4 Möhren
½ Sellerieknolle
1 Selleriestange
½ Blumenkohl
150 g Rosenkohl
1 Lauchstange
Gemüsebrühe (Instant)
Salz
Pfeffer
1 EL gehackte Petersilie

Zubereitung

1 Die Zwiebeln und das restliche Gemüse wie gewohnt schälen, putzen und waschen. Alles in mundgerechte Stücke schneiden.

2 In einem hohen Topf etwa 1 ½ Liter Wasser zum Kochen bringen. Das Gemüse (außer den Lauch) dazugeben und mit der Gemüsebrühe würzen. Die Suppe bei mittlerer Hitze etwa 30 Minuten köcheln lassen. 5 Minuten vor Ende der Garzeit den Lauch dazugeben und weich kochen.

3 Vor dem Servieren die Suppe mit Salz und Pfeffer, ggf. auch mit Gemüsebrühe, abschmecken und in eine Suppenterrine füllen. Mit Petersilie garniert servieren.

Mandelmilch

Zubereitung

Die Mandeln mit 1 Liter heißem Wasser übergießen. Anschließend so lange pürieren, bis eine weiße Flüssigkeit ohne Stücke entsteht. Anschließend die Masse auf ein Stofftuch geben und die gesamte Flüssigkeit gut auspressen.

Die Mandelmilch, mit Wein vermischt, wurde im Mittelalter als Basis für viele Gerichte verwendet. Sie können die Mandelmilch zu Ihrem morgendlichen Müsli oder zu Obstkompott genießen.

Für 4 Personen

Zubereitungszeit: einige Minuten

Zutaten

200 g Mandeln

Deutscher Bauernkrieg

Im Jahr 1525 brach im Süden und in der Mitte Deutschlands ein großer Bauernkrieg aus. Die Bauern, etwa 80 Prozent der damaligen Bevölkerung, erlitten in jener Zeit große wirtschaftliche Not und forderten erstens eine Minderung der Abgaben und zweitens die Abschaffung der Frondienste. Die per se armen Bauern finanzierten mit ihren Abgaben den Adel und den Klerus, hatten aber politisch keinerlei Mitspracherecht. Sie wollten ihre Vorstellung von einer gerechten Welt verwirklichen, aber dieses Unterfangen endete in einer blutigen Katastrophe.

Mit ihren Forderungen rüttelten die Bauern an der gesamten vorherrschenden Gesellschaftsordnung. Zudem beriefen sie sich auf die Schrift Martin Luthers „Von der Freiheit eines Christenmenschen“, insbesondere auf den Passus „Ein Christenmensch ist ein freier Herr über alle Dinge und niemand untertan“, und verstanden diese politisch. Luther aber schlug sich auf die Seite der Obrigkeit, denn er hatte seine Schriften nur auf den Glauben an Gott, nicht aber auf die Politik bezogen. Er sah die Nöte der Menschen zwar, aber trotzdem sollten die Bauern den Herrschenden gehorchen.

Vielerorts kam es bereits 1524 zu ersten Erhebungen. Vorerst wurde versucht durch Verhandlungen zum Ziel zu kommen. In Memmingen (Schwaben) verfasste die Vertretung der Bauernschaft im März 1525 Zwölf Artikel, mit der Forderung unter anderem die Frondienste zu mildern, die Leibeigenschaft abzuschaffen und die Lebensbedingungen zu verbessern. Die Obrigkeit reagierte entsprechend ihrer politischen und „rechtmäßigen“ Stellung, berief sich auf das alte Recht und war nicht kompromissbereit. Die Fronten verhärteten sich und machten eine gewaltsame Auseinandersetzung unausweichlich. Eine Armee von Landsknechten und Reitern rückte gegen die Bauern vor.

Die Bauern organisierten sich in sogenannten „Haufen“ (der Begriff „Haufe“ kommt aus dem Militär) und zogen nur mit Dreschflegeln und Sensen bewaffnet durch das Land. Jeder Haufe hatte auch seine Fahne, entsprechend seiner Herkunft. Zur eigenen Versorgung plünderten sie Klöster und Burgen, jedoch ohne Gewalt gegen einzelne Personen, was sich allerdings am 16. April 1525 änderte. Die Bauern töteten den Grafen Ludwig von Helfenstein und seine Begleiter. Bei Leipheim kam es allerdings bereits vorher zur ersten Schlacht – gegen die ausgebildeten Soldaten hatten die Bauern keine Chance und der Leipheimer Haufen wurde besiegt. Die Stadt Leipheim musste ein Strafgeld zahlen und die Führer des Haufens wurden hingerichtet. Weitere Haufen zogen plündernd umher.

Der Bauernkrieg zog sich vom Hochrhein, nach Oberschwaben, Franken, Schwarzwald,

Elsass, Rheingau, Thüringen und erreichte zum Schluss die Alpenländer. Zu einer der bedeutsamsten und entscheidenden Schlachten kam es am 15. Mai 1525 in Frankenhausen, in der die Aufständischen unter Thomas Müntzer vollständig besiegt wurden. Der Bauernkrieg forderte viele Opfer, zahlreiche Bauern wurden hingerichtet oder verstümmelt; etwa 70.000 Bauern verloren während des Bauernkriegs ihr Leben. Aber nicht allerorts wurde den Bauern übel mitgespielt, denn die „Oberen" hatten Angst vor weiteren Aufständen. So erfuhren sie im sogenannten „Renchener Vertrag" wenigstens etwas Gerechtigkeit. Da wurde die Leibeigenschaft aufgehoben, die Heiratsfreiheit war möglich und die Todfallabgabe wurde abgeschafft. So war der Krieg nicht völlig vergebens, aber bis zur endgültigen Befreiung dauerte es noch bis Anfang des 19. Jahrhunderts. Denn erst 1807 wurde unter Napoleon die Leibeigenschaft in Preußen abgeschafft.

Thomas Müntzer

Der Pfarrer und Reformator Thomas Müntzer (um 1489-1525) begeisterte sich für die Ideen Martin Luthers und kam auch nach Wittenberg, um von Luthers neuen Ideen zu hören. Anders als Luther trat Müntzer aber für die Befreiung der Bauern ein. Er war für die Abschaffung der Knechtschaft und beteiligte sich aktiv am Deutschen Bauernkrieg.
Als Reformator widersprach er der Vorstellung, dass das Volk der Obrigkeit bedingungslos zu gehorchen habe und gab den Menschen recht, sich gegen Unterdrückung, Willkür und Ausbeutung zur Wehr zu setzen.
Auf der Seite der Bauern rief Müntzer zum Aufstand auf und wurde in Thüringen deren Leitfigur im Bauernkrieg.
Bei der entscheidenden Schlacht bei Bad Frankenhausen wurde Thomas Müntzer gefangen genommen, gefoltert und am 27. Mai 1525 hingerichtet.
Nach katastrophalen Ereignissen, wie der großen Pest, wuchs die Bevölkerungszahl etwa ab dem Jahr 1450 erheblich. Leider gab es aber nicht mehr als vorher zu verteilen, was zur Folge hatte, dass die Menschen ärmer wurden. In jener Zeit füllten keine allzu üppigen Speisen die Bäuche. So werden auch Thomas Müntzer folgende Speisen zusagt haben.

Früchtebrot

Für 4 Personen

Zubereitungszeit:
10 Minuten

Backzeit: 60–70 Minuten

Zutaten

400 g getrocknete Birnen
3 Eier
125 g Zucker
50 g Haselnüsse, grob gehackt
50 g Mandeln, grob gehackt
1 TL Backpulver
150 g Roggenmehl
1 TL Zimt
1 Prise Salz

Außerdem
Butter und Mehl für die Backform

Zubereitung

1 Die Birnen in Streifen schneiden. Die Eier trennen und das Eigelb mit Zucker im warmen Wasserbad schaumig schlagen, bis der Zucker vollkommen aufgelöst ist. Es soll eine cremige Masse entstehen. Den Topf von der Herdplatte nehmen. Den Backofen auf 175 °C vorheizen.

2 Die Nüsse und die Mandeln unterheben. Das Backpulver mit dem Mehl mischen, unter die Masse rühren und mit Zimt würzen. Das Eiweiß mit einer Prise Salz steif schlagen und locker unter die Eiercreme heben. Anschließend die Birnen unterziehen.

3 Eine Kastenform mit der Butter einfetten und mit Mehl bestäuben. Den Teig einfüllen und im Backofen etwa 60–70 Minuten backen. Das Früchtebrot aus dem Ofen nehmen und abkühlen lassen. Vor dem Anschneiden 2–3 Tage in einer Brotkiste (oder in Folie gewickelt) ziehen lassen. Zum Verzehr in nicht zu dünne Scheiben schneiden.

Mehlknödel

Zubereitung

1 Aus Mehl, Eiern, Milch und Salz einen homogenen Teig herstellen. In einem großen Topf Salzwasser zum Kochen bringen. Von dem Teig mit einem (immer wieder in kochendes Wasser getauchten) Esslöffel Klöße gegen den Schüsselrand hin abstechen und ins sprudelnd kochende Salzwasser geben. Die Mehlklöße sind gar, wenn sie an der Oberfläche schwimmen.

2 Den Speck und die Zwiebeln ohne Zugabe von Fett in einer Pfanne anrösten. Die Klöße mit einer Schaumkelle aus dem Wasser heben, abtropfen lassen und mit Speck und Zwiebeln servieren.

Für 4 Personen

Zubereitungszeit:
20 Minuten
Kochzeit: je Knödel
etwa 3 Minuten

Zutaten

500 g Mehl
3 Eier
250 ml Milch
Salz
150 g Speckwürfel
2 Zwiebenln, in Würfel
geschnitten

Armer Ritter

Für 4 Personen

Zubereitungszeit:
10 Minuten
(ohne Wartezeit)
Kochzeit: 10 Minuten

Zutaten

250 ml Milch
2 EL Vanillezucker
Schalenabrieb von
1 Zitrone
5 Eier
8 Scheiben Weißbrot
(Das Brot für dieses
Gericht sollte nicht so
frisch sein, da es sonst bei
der Zubereitung zerfällt)
60 g Butter
2 TL Zimt mit 2 EL Zucker
vermischt

Zubereitung

1 Die Milch in einen Topf geben und mit Vanillezucker und Zitronenschale kurz aufkochen. Den Topf von der Herdplatte ziehen und abkühlen lassen. Die Eier in einer Schüssel aufschlagen und mit der Milch verquirlen.

2 Die Brotscheiben mit der Milch tränken. Die Butter in einer Pfanne erhitzen und die getränkten Brotscheiben darin von beiden Seiten goldgelb braten. Die gebratenen Brote mit der Zimt-Zucker-Mischung bestreuen und die Armen Ritter mit Vanilleeis oder Obstkompott reichen.

Dreißigjähriger Krieg

Kaum vorstellbar, dieser Krieg, der zwischen Katholiken und Protestanten ausgetragen wurde und in dem mehrere Millionen Menschen starben, dauerte tatsächlich 30 Jahre. Dabei ging es allerdings nicht allein um den „rechten“ Glauben, den jede Seite für sich in Anspruch nahm, es ging auch um die Vormachtstellung in Deutschland und Europa.
Am 23. Mai 1618 stürmten protestantische Adlige die Burg von Prag, Sitz des Königs von Böhmen, König Ferdinand II., und warfen die Statthalter des Königs aus dem Fenster. Dieser in die Geschichte eingegangene „Prager Fenstersturz“ löste den Dreißigjährigen Krieg aus. Dieser Krieg bestand eigentlich aus mehreren Teilen. Auf der einen Seite stand das Heilige Römische Reich mit dem katholischen Kaiser und seinen Verbündeten und auf der anderen Seite befanden sich die protestantischen Länder und deren Herrscher mit ihren Verbündeten wie Schweden, England und sogar das katholische Frankreich. Genannt werden diese Teilkriege: der Böhmisch-Pfälzische Krieg, der Dänische Krieg, der Schwedische Krieg und der Schwedisch-Französische Krieg. Dieser schreckliche Krieg kostete allen beteiligten Nationen enorm viel Geld. Kaiser Ferdinand II. (seit 1619) musste eine Möglichkeit der Finanzierung finden, da seine Kassen leer waren.
Als Christian IV. von Dänemark in den Krieg eintrat, kam Albrecht von Wallenstein ins Spiel. Der Kaiser nahm Wallensteins Offerte, auf eigene Kosten eine Armee aufzustellen, dankbar an. Wallenstein war wenig zimperlich in seiner „Finanzierung“. Er führte das sogenannte Kontributionen-System ein, d. h. alle Bewohner der Gebiete, durch die seine Armee kam, wurden zur Kasse gebeten. Dabei war es vollkommen gleichgültig, ob die Menschen katholisch, evangelisch, kaiserfreundlich oder eben nicht waren. Zu Anfang bewährte sich das neue System, jedoch wurde die Ausbeutung immer brutaler, je länger der Krieg dauerte, zumal die Kriegsführer der anderen Seiten auf die gleiche Weise Geld eintrieben. War auf dem jeweiligen Gebiet bei der ausgepressten Bevölkerung nichts mehr zu holen, zog die Armee weiter. Riesige Soldatenarmeen zogen durch die Lande und diese schreckliche Methode der Ausbeutung brachte entsetzliches Leid. Die Zahl der Bevölkerung ging drastisch zurück, manche Regionen Deutschlands waren praktisch ausgestorben. Erst im 18. Jahrhundert erhielt Deutschland wieder den Bevölkerungsstand von 1618.
Endlich kamen im Jahr 1643 Abgesandte der kriegführenden Länder in Münster und Osnabrück an einen Tisch, um einen Frieden auszuhandeln (weshalb man ihn auch den Westfälischen Frieden nennt). Es sollten dann aber fünf Jahre vergehen, bis der Frieden zwischen den vielen verschiedenen Kriegsparteien ausgehandelt war.

Die Regel war nun wieder, dass ein Herrscher in seinem Herrschaftsbereich die Religion bestimmen durfte. Von Religionsfreiheit des Einzelnen konnte noch keine Rede ein. Die deutschen Fürsten waren jetzt mächtiger als zuvor und Deutschland wurde zu einer Region aus vielen einzelnen kleinen Staaten. Der Deutsche Kaiser verlor fast seine ganze Macht in Deutschland.

Albrecht von Wallenstein

Albrecht von Wallenstein (1583-1634) war ein großer Feldherr, Protegé des Kaisers und mächtigster Mann im Reich. Als Herzog gehörte Wallenstein zum böhmischen Adel. Sein Großvater hatte im Jahr 1536 in dem Herzogtum den protestantischen Glauben eingeführt, weshalb auch Wallenstein Protestant war. Seine militärische Laufbahn begann 1604, als er vom einfachen Soldaten zum Hauptmann aufstieg. 1606 war er bereits Obrist und nahm seinen Dienst am Hofe des Erzherzogs Matthias auf, der 1612 Kaiser des Heiligen Römischen Reiches wurde. Durch eine lukrative Heirat im Jahr 1609 erlangte er neuen Grundbesitz und dadurch erhebliche wirtschaftliche Macht. Bemerkenswerterweise verringerte er den Frondienst der Bauern auf seinem Land und verbesserte die Bedingungen seiner Untertanen. Zu dieser Zeit waren diese Reformen geradezu spektakulär.
Im Dreißigjährigen Krieg warb Wallenstein die Soldaten an, rüstete sie aus und bezahlte sie zudem. Das Geld dafür sollte er vom Kaiser zurückerhalten. Der bezahlte ihn aufgrund leerer Kassen zunächst nicht und war deshalb in dessen finanzieller Schuld. Zur Begleichung seiner Schulden gab der Kaiser Wallenstein die zwei böhmischen Herrschaften Friedberg und Reichenberg als Pfand. 1622 verkaufte der immer noch unter Geldnot leidende Kaiser beide Gebiete an Wallenstein. Wallensteins Aufstieg schien unaufhaltsam, als er vom Kaiser sogar zum Reichsfürsten und schließlich zum Herzog ernannt wurde.

Wallenstein baute seine Macht weiter aus. Als auch Dänemark in den Krieg eingetreten war, entschloss sich der Kaiser ein Heer unter dem Befehl Wallensteins aufzustellen, er wurde also Oberbefehlshaber der kaiserlichen Armee. Als skrupelloser Heerführer erhob er eine Kriegssteuer, d. h. das Reich und die besetzten Gebiete mussten Kontributionen zahlen. 1627 vertrieb Wallenstein die Dänen aus Schlesien, rückte weiter nach Norden vor und schlug alle dänischen Truppen auf dem Festland. Für seine Verdienste erhielt er 1628 vom Kaiser das Herzogtum Mecklenburg, allerdings als Lehen. Bei den Friedensverhandlungen mit Dänemark war Wallenstein insofern erfolgreich, als dass die Dänen ein Bündnis mit dem Kaiser eingingen und später sogar an dessen Seite gegen Schweden und Frankreich kämpften. Wallensteins Erfolge stärkten seine Machtposition, was natürlich zu Neid, auch in den eigenen Reihen, führte. Sein größter Rivale war Herzog Maximilian von Bayern. Wallenstein war zu seiner Zeit der mächtigste Mann in Deutschland neben dem Kaiser und einer der reichsten Privatpersonen überhaupt. Vielleicht berauscht durch sein eigenes Machtgefühl ließ er den Kaiser seine vermeintliche Überlegenheit spüren. Die stets wachsenden Konflikte zwischen der kaiserlichen Regierung und Wallenstein führten letztlich zu dessen Entlassung im Jahre 1630. Tief gekränkt zog dieser sich zurück.
Gustav II. Adolf von Schweden griff ins Kriegsgeschehen ein und der Kaiser traute allein Wallenstein zu, diesen zu besiegen. Wallenstein kehrte auf Wunsch des Kaisers zurück, stellte allerdings unerhört hohe Forderungen. Diese wurden erfüllt, da Wallensteins Genie durch niemanden ersetzbar war. Erneut zum Oberbefehlshaber ernannt, zog Wallenstein gegen den Schwedenkönig ins Kriegsgetümmel. Er konnte gegen die Schweden zwar keinen Sieg verbuchen, aber sie wurden zumindest aufgehalten. 1632 fiel Gustav Adolf in der Schlacht bei Lützen. Und wieder brachen die alten Konflikte aus. Der Kaiser wollte weiter Krieg führen, Wallenstein aber wollte den Frieden und seine kriegsmüden Soldaten schützen. Angeblich soll er für Friedensverhandlungen heimlich Kontakt zu den Schweden aufgenommen haben. Der Kaiser enthob Wallenstein als Generalissimus, klagte ihn des Hochverrats an und schließlich wurde Wallenstein am 25. Februar 1634 in Eger von kaisertreuen Offizieren ermordet.
Zu Wallensteins Lieblingsspeisen gehörten womöglich folgende.

B
C
D
G
M
O
Felttmarsch: von Arnbei
auff Possen
burg. etc

Speckbohnen

Für 4 Personen

Zubereitungszeit:
40 Minuten
Kochzeit: 35 Minuten

Zutaten

1 kg frische grüne Bohnen
1 Zwiebel
1 Bund Bohnenkraut
Pfeffer
2 EL Butter
300 g Schinkenspeckwürfel
Salz

Zubereitung

1 Die Bohnen waschen, putzen und von den Fäden befreien. Die Zwiebel schälen und fein würfeln. Das Bohnenkraut waschen, trockentupfen und klein zupfen. Die Bohnen mit dem Bohnenkraut in etwa 250 ml Wasser aufkochen und mit Pfeffer würzen. Bei geschlossenem Deckel und mittlerer Hitze 30 Minuten garen lassen.

2 Die Butter in einem großen Topf erhitzen, die Speck- und die Zwiebelwürfel darin anbraten. Die Bohnen nach der Garzeit aus dem Topf heben und in der Pfanne mit Speck und Zwiebeln schwenken und miteinander vermischen. Abschließend mit Salz abschmecken. Die Speckbohnen in eine Schüssel füllen, mit Salzkartoffeln und z. B. mit frischer Bratwurst servieren.

Ochsenbrust

Zubereitung

1 Das Suppengemüse putzen bzw. schälen, waschen und in kleine Stücke schneiden. Die Zwiebel schälen und in grobe Stücke schneiden. 2 Liter Wasser zum Kochen bringen, leicht salzen und das Suppengemüse und die Ochsenbrust hinzufügen. Das Ganze 1–1 ½ Stunden bei geringer Hitze köcheln lassen. Dabei immer wieder abschäumen.

2 Entsprechend vor der Garzeit die Butter in einem Topf schmelzen, das Mehl zugeben, kurz umrühren und unter ständigem Rühren mit der heißen Fleischbrühe ablöschen. Bei schwacher Hitze etwa 10 Minuten köcheln lassen, dabei immer wieder umrühren. Dann Meerrettich und Sahne unterrühren und mit Salz und Pfeffer abschmecken. Die Ochsenbrust in Scheiben aufschneiden, mit der Meerrettichsoße anrichten und mit der Petersilie garniert servieren.

Für 4 Personen

Zubereitungszeit: 30 Minuten

Kochzeit: 1–1½ Stunden

Zutaten

1 Bund Suppengemüse
1 Zwiebel
Salz
700 g Ochsenbrust
40 g Butter
1 EL Mehl
500 ml Fleischbrühe
3 EL frisch geriebener Meerrettich
4 EL Sahne
Pfeffer
1 EL gehackte Petersilie

Böhmischer Kirschkuchen

Für 4 Personen

Zubereitungszeit: 30 Minuten

Backzeit: 40–45 Minuten

Zutaten

1 kg Kirschen
200 g Butter
170 g Puderzucker
1 Packg. Vanillezucker
Abrieb von ½ Zitrone
1 Prise Salz
3 Eier
200 g Mehl
1 Msp. Backpulver
2 EL Milch
40 g Puderzucker
40 g Mandeln, gehackt

Außerdem

Butter und Semmelbrösel für die Form

Zubereitung

1 Die Kirschen waschen, abtropfen lassen und entsteinen. Die zimmerwarme Butter schaumig rühren, dabei nach und nach Puderzucker, Vanillezucker, Zitronenschale, Salz und die Eier einrühren, bis sich der Zucker aufgelöst hat. Den Backofen auf 160 °C (Umluft) vorheizen.

2 Das gesiebte Mehl mit Backpulver mischen und mit der Milch zu der Eiermasse geben. Das Ganze gut verrühren und den Teig in die mit Butter eingefettete und mit Semmelbröseln ausgestreute Springform (26 cm Durchmesser) füllen. Den Teig glatt streichen und mit den Kirschen belegen.

3 Den Kuchen in den Backofen auf die mittlere Einschubleiste schieben und 30 Minuten backen. Dann mit Puderzucker und Mandeln bestreuen und weitere 10–15 Minuten backen. Aus dem Ofen nehmen und zuerst in der Form leicht abkühlen, dann aus der Form nehmen und vollständig abkühlen lassen.

Friedrich der Große

Friedrich II. (1712-1786), auch Friedrich der Große oder der Alte Fritz genannt, war wohl die schillerndste und berühmteste Persönlichkeit aller Preußenkönige.
Friedrichs Kindheit und Jugendzeit war unglücklich. Mit seinem Vater Friedrich Wilhelm I., auch der Soldatenkönig genannt, lag er in ständigem Konflikt, da dieser den musischen Interessen seines Sohnes nichts abgewinnen konnte. Nach dem Tod des Vaters trat Friedrich 1740 die Regierung an, übernahm ein großes Heer und eine gut ausgebaute Verwaltung, auf die er während seiner Regierungszeit bauen konnte.
Zu Beginn seiner Herrscherzeit schaffte er die Folter ab, hob die Zensur auf und senkte zur Freude seiner Untertanen die Getreidepreise.
Die außenpolitischen Verhältnisse jener Zeit zwangen ihn jedoch fast ständig in Kriege, aus denen er meist erfolgreich hervorging. Friedrich kämpfte in zwei Kriegen gegen Österreich um Schlesien, das 1745 nach gewonnener Schlacht im Friedensvertrag von Dresden offiziell Preußen zuerkannt wurde.
1756 brach der Siebenjährige Krieg aus, in den fast ganz Europa verwickelt war. Nach dem Krieg, aus dem Friedrich II. mit seinem Verbündeten Großbritannien als Sieger hervorging, wurde die politische Landschaft in Europa neu geordnet. Friedrich II. hatte das kleine Preußen als fünfte Großmacht in Europa etabliert. Doch damit nicht genug. 1772 wurde das Königreich Polen-Litauen unter den Großmäch-

ten Russland, Österreich und Preußen aufgeteilt und Friedrich II. erweiterte sein Gebiet im Osten um ein Vielfaches. Auch im Bayerischen Erbfolgekrieg von 1778/79 war Friedrich nicht unerheblich beteiligt. Er verhinderte, dass Bayern vom österreichischen Kaiserreich einverleibt wurde.

Friedrich war zeitlebens den schönen Künsten zugewandt und machte sich auch als Bauherr einen Namen. Eines der schönsten Bauwerke, das während seiner Regierungszeit entstand, war Schloss Sanssouci. Die Planungen unterstützte er durch eigene Skizzen und Entwürfe. Auf Schloss Sanssouci verbrachte Friedrich II. auch seine letzten Lebensjahre, bis er am 17. August 1786 starb.

In jungen Jahren war Friedrich II. recht vollschlank, was darauf hinweist, dass er reichhaltig gegessen hat.

Auch sein Vater liebte einen reich gedeckten Tisch, weshalb Friedrich als 51-jähriger Mann auch über 250 Pfund auf die Waage brachte. Im Alter war er jedoch hager und von Gicht geplagt.

Es ist belegt, dass sich an einem normalen Wochentag die königliche Tafel unter folgenden Leckereien bog:

Zweierlei Hühnersuppen, Rinderbraten, Lammpastete, Hecht mit Meerrettich, Zander in Petersiliensoße, Taube mit Krebsen, Mohrrüben, grüne Erbsen und Scholle. Außerdem gebratenes Reh, gebratene Gänse, gebratene Hühner, gebratenes Lamm, Aal blau, Bohnen mit verlorenen Eiern, Maultaschen, Konfekt und Napfkuchen. Kartoffeln überließ der Herrscher lieber seinen Untertanen.

Rinderschmorbraten

Für 4 Personen

Zubereitungszeit: 30 Minuten (ohne Wartezeit)

Kochzeit: 2 Stunden

Zutaten

2 Möhren
1/4 Sellerieknolle
3 Zwiebeln
2 Knoblauchzehen
2 Lorbeerblätter
1 TL schwarze Pfefferkörner
2 Thymianzweige
750 ml Rotwein, trocken
1 kg Rinderkeule
2 EL Öl
50 g Speck, in Würfel geschnitten
6 Sardellenfilets in Öl
Salz
Pfeffer

Zubereitung

1 Für die Marinade Möhren, Sellerie und Zwiebeln schälen, in Würfel schneiden und in eine Schüssel geben. Knoblauchzehen pressen und mit Lorbeerblättern, Pfefferkörnern, Thymian und Wein zu dem Gemüse geben. Fleisch waschen, gut trockentupfen und in die Marinade legen. Abdecken und 24 Stunden marinieren lassen, dabei hin und wieder wenden.

2 Am Zubereitungstag das Fleisch aus der Marinade nehmen und trockentupfen. Die Marinade durch ein Sieb gießen, die Flüssigkeit auffangen. Das Öl in einem Bräter erhitzen, Fleisch rundum darin anbraten und herausnehmen. Speck und klein gehackte Sardellenfilets mit dem abgetropften Gemüse in dem Bratfett andünsten.

3 Das Fleisch zurück in den Bräter geben, die Marinade dazugießen und aufkochen lassen. Den geschlossenen Bräter in den kalten Backofen geben und bei 180 °C etwa 2 Stunden garen. Das Fleisch herausnehmen und kurz warm stellen. Die Soße mit dem Pürierstab pürieren und mit Salz und Pfeffer abschmecken. Den Braten in fingerdicke Scheiben schneiden, auf einer Fleischplatte anrichten, mit etwas Soße begießen und die übrige Soße separat dazu reichen. Schmeckt mit Salzkartoffeln oder Kroketten und Rotkohl.

Rehrücken

Zubereitung

1 Den Rehrücken kalt abwaschen und gründlich trockentupfen. Die Zwiebeln schälen und in grobe Würfel schneiden. Möhre und Sellerie schälen, waschen und in kleine Würfel schneiden. Lauch putzen, waschen und in Ringe schneiden. Die Wacholderbeeren etwas andrücken, die Kräuter waschen und mit Küchengarn zu einem Bouquet zusammenbinden.

2 In einem Bräter 3 Esslöffel Öl erhitzen. Den Rehrücken darin bei mittlerer Hitze rundherum kräftig anbraten. Zwiebeln, Gemüse und Wacholderbeeren dazugeben und 3 Minuten unter Rühren braten, Tomatenmark unterrühren, kurz anrösten. Das Mehl darüberstreuen, gut umrühren und mit etwa 40 ml Wein ablöschen. Bei gleicher Hitze weiter braten, bis der Wein verdunstet ist. Den übrigen Wein weitere zweimal dazugießen und wieder verkochen lassen.

3 Lorbeerblatt und das Kräuterbouquet dazugeben und den Fond unterrühren. Zugedeckt bei schwacher Hitze 2 Stunden köcheln lassen. Inzwischen den Ofen auf 80 °C vorheizen. Das Fleisch rundherum leicht mit Salz und Pfeffer einreiben. Das übrige Öl in einer Kasserolle erhitzen und das Fleisch darin rundherum kräftig anbraten. Abgedeckt im Backofen etwa 1 Stunde und 45 Minuten garen lassen.

4 Den Knochenfond durch ein feines Sieb gießen, die Flüssigkeit auffangen und das gegarte Gemüse gut durchpressen. Die Soße zurück in den Topf geben, ohne Deckel und bei hoher Hitze etwa 10–15 Minuten auf die Hälfte einkochen. Preiselbeeren unterrühren, die Soße mit Salz und Pfeffer abschmecken und mit der Mehlbutter binden. Das Fleisch aus dem Ofen nehmen und einige Minuten ruhen lassen. Anschließend in Scheiben schneiden, diese auf einer Platte anrichten, mit etwas Soße begießen und mit der übrigen Soße separat zu Tisch bringen. Dazu Rosmarinkartoffeln oder Schupfnudeln und Rosenkohl servieren.

Für 4 Personen

Zubereitungszeit:
35 Minuten
Kochzeit: 2 Stunden, 15 Minuten

Zutaten

1 Rehrücken
2 Zwiebeln
1 Bund Suppengemüse (Möhre, Sellerie, Lauch)
6–8 Wacholderbeeren
Jeweils 4 Stängel Thymian und Rosmarin
5 EL Öl
1 EL Tomatenmark
1 EL Mehl
120 ml Rotwein
1 Lorbeerblatt
800 ml Wildfond (Fertigprodukt aus dem Glas)
Salz
Pfeffer
2 EL Wildpreiselbeeren (aus dem Glas)
1 EL Mehlbutter

Außerdem
Küchengarn

Napfkuchen

Für 4 Personen

Zubereitungszeit: 20 Minuten (ohne Wartezeit)

Backzeit: 50 Minuten

Zutaten

200 g Rosinen
200 g Korinthen
100 g Orangeat
100 g Sukkade
6 EL Rum
200 ml Milch
500 g Mehl
2 Packg. Trockenhefe
200 g Butter
175 g Zucker
100 g gemahlene Mandeln
50 g Marzipan-Rohmasse
2 Eier
Puderzucker

Außerdem

Butter zum Einfetten der Form
Puderzucker zum Garnieren

Zubereitung

1 Rosinen, Korinthen, Orangeat und Sukkade in eine Schüssel geben, mit Rum beträufeln und über Nacht ziehen lassen.

2 Die Milch erwärmen. 200 g Mehl mit Hefe und Milch in eine Schüssel geben, gut verrühren und 20 Minuten abgedeckt gehen lassen. Butter und Zucker cremig schlagen, die Mandeln mit dem klein geschnittenen Marzipan und den Eiern unterrühren.

3 Das übrige Mehl mit dem Hefevorteig und der Eiermasse verkneten und mit den Händen etwa 2 Minuten kräftig durchkneten. Den Teig abgedeckt an einem warmen Ort 20 Minuten gehen lassen. Die eingelegten Trockenfrüchte abgießen und vorsichtig unterkneten. Den Teig in die mit Butter eingefettete Napfkuchenform (2 Liter Inhalt) geben und weitere 40 Minuten abgedeckt gehen lassen. Den Backofen auf 180 °C vorheizen.

4 Im Backofen 50 Minuten backen. Kuchen herausnehmen, etwas abkühlen lassen, auf ein Kuchengitter stürzen und auskühlen lassen. Den Napfkuchen vor dem Servieren mit Puderzucker bestäuben.

Franzosenzeit

Napoleon Bonaparte (1769-1821), Kaiser der Franzosen, beherrschte zu Beginn des 19. Jahrhunderts halb Europa. Am Rhein, insbesondere links des Stroms, brachte die über 20-jährige Franzosenzeit rechtspolitische und ökonomische Veränderungen.

Als Franzosenzeit wird die durch die Auswirkungen der Französischen Revolution und von den Koalitionskriegen geprägte zeitliche Epoche von 1792 bis 1815 bezeichnet. In dieser Ära gerieten nach und nach große Teile Europas, darunter der gesamte deutsche Sprachraum, direkt oder indirekt unter französische Herrschaft.

Mit der Kriegserklärung Frankreichs an Österreich und dem verbündeten Preußen im April 1792 wurden die deutschen Länder in ein unaufhaltsames politisches Ereignis gezogen, das erst mit dem Wiener Kongress 1814/1815 seinen Abschluss fand.

1794 gelang es den französischen Truppen Belgien und das linksseitige Rheinufer auf Dauer zu besetzen. Zwischen 1795 und 1801 kam auch das rechtsseitige Rheinland dazu und wurde 1806 als Großherzogtum Berg zum französischen Modellstaat.

Die Jahre zwischen 1794 und 1815, die sogenannte Franzosenzeit, formten das Rheinland nachhaltiger als alle anderen Teile Deutschlands und Europas. Trotz der bestehenden Besatzung gab es auch im Rheinland Anhänger der Revolutionsbewegung.

Die rheinischen Bürger waren in der langen Franzosenzeit gar nicht so unglücklich. Sie empfanden die Fremdherrschaft zwar als despotisch, aber auch als wohl organisiert und vergleichsweise modern. So heißt es auch, die anpassungsfähigen Rheinländer wären rasch mit den neuen Machtverhältnissen zurechtgekommen. Napoleons Herrschaft am Rhein endete im Jahr 1813. Teile der preußischen Armee überquerten den Rhein und rückten Richtung Westen vor. Nachdem Napoleon im November 1813 das Friedensangebot seiner verbündeten Feinde Preußen, Russland und Österreich verweigert hatte und den Krieg fortsetzte, beschlossen diese nun auch die Befreiung des linken Rheinufers.

Und als die Herrschaft Napoleons 1813/1814 ein Ende fand, sollen die Rheinländer mit furchtsamer und keineswegs freudiger Erwartung auf das geblickt haben, was nun folgen sollte, nämlich die Preußen-Herrschaft ab 1815.

Es ist anzunehmen, dass die Franzosen auch außerhalb ihrer Heimat französisches Essen bevorzugten. Vermutlich partizipierten die Rheinländer an diesen Speisen bzw. an den Einflüssen der französischen Küche. Napoleon selbst aß auch auf seinen Feldzügen immer Weißbrot, gutes Geflügel-, Rind- oder Hammelfleisch, Reis und Bohnen oder Linsen. Er bevorzugte heiße Suppe und abgekochtes Rindfleisch.

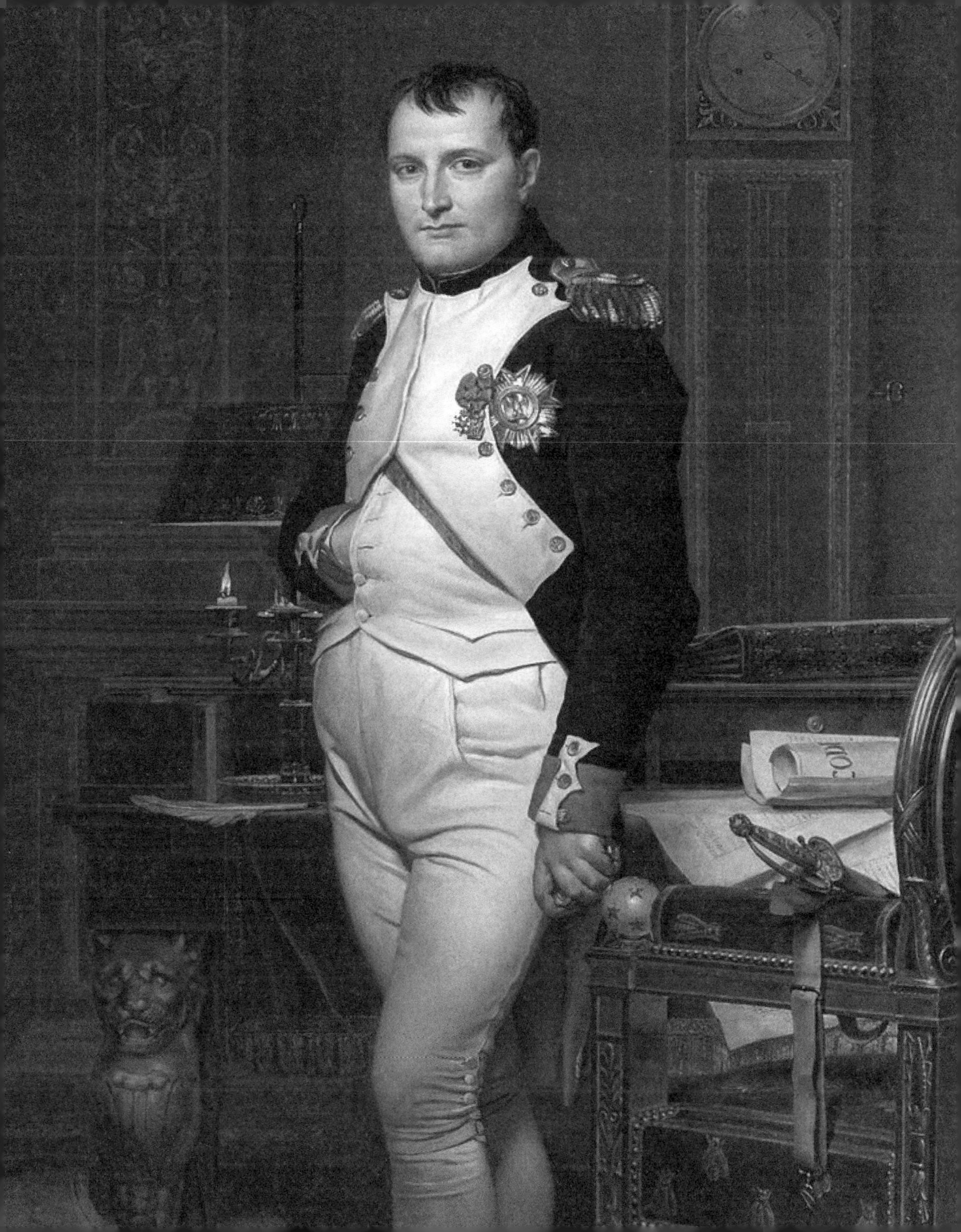

Brathähnchen

Für 4 Personen

Zubereitungszeit:
20 Minuten

Kochzeit: 60–70 Minuten

Zutaten

4 Zweige Rosmarin
1 Zitrone und
2 EL Zitronensaft
1 Knoblauchknolle
1 (ca. 1,5 kg) küchenfertiges Hähnchen oder kleine Poularde
Salz
Pfeffer
1 EL Butter
1 EL Öl
1–2 TL Honig

Außerdem
Holzspieß
Küchengarn
Fett für die Fettpfanne

Zubereitung

1 Rosmarin waschen und trockenschütteln. Zitrone und Knoblauchknolle halbieren. Hähnchen unter fließendem Wasser waschen, trockentupfen und von innen und außen mit Salz und Pfeffer würzen. ½ Zitrone, ½ Knoblauchknolle und 1 Zweig Rosmarin in die Bauchhöhle geben und mit einen Holzspieß verschließen. Den Backofen auf 180 °C vorheizen.

2 Die Keulen mit Küchengarn zusammenbinden. Hähnchen auf die leicht gefettete Fettpfanne des Backofens legen und im Backofen etwa 60–70 Minuten garen. Die Butter schmelzen und mit Öl, Honig und Zitronensaft verrühren. Das Brathähnchen etwa 40 Minuten vor Ende der Garzeit 2–3 Mal mit der Marinade einpinseln.

3 30 Minuten vor Ende der Garzeit die übrige Knoblauchknolle, übrige Zitrone und den übrigen Rosmarin in die Fettpfanne geben. Hähnchen auf einer Platte anrichten und mit Zitrone, Knoblauch und Rosmarin garnieren. Dazu Weißbrot reichen.

Pot-au-feu

Zubereitung

1 Die Zwiebel ungeschält quer halbieren, mit den Schnittflächen ohne weitere Fettzugabe in eine kleine Pfanne legen und bei starker Hitze braun rösten. Das Suppengemüse putzen bzw. schälen, in grobe Stücke schneiden, waschen und abtropfen lassen. Das Fleisch waschen und mit Zwiebel, Suppengemüse, Lorbeerblatt, Pfefferkörnern und Nelken in einen großen Topf geben. 4 Liter kaltes Wasser dazugießen, das Ganze langsam zum Sieden bringen und offen bei kleiner Hitze ungefähr 1 ½ –2 Stunden kochen lassen. Den während des Kochvorgangs entstehenden Schaum abschöpfen.

2 Währenddessen die Kartoffeln schälen, waschen und halbieren. Möhren schälen, waschen und schräg in etwa 1 cm feine Scheiben schneiden. Lauchzwiebeln putzen, waschen und in 3–4 cm lange Stücke schneiden. Das Fleisch aus der Brühe nehmen und etwas abkühlen lassen, dann in dünne Scheiben schneiden.

3 Die Brühe durch ein feines Sieb in einen großen Topf gießen, kurz aufkochen lassen und mit Salz und Pfeffer abschmecken. Die Kartoffeln in die heiße Brühe geben und 5 Minuten kochen lassen, dann die Möhren beifügen. Nach 10 Minuten die Lauchzwiebeln dazugeben und weitere 5 Minuten kochen lassen. Dann das Fleisch in die Brühe geben und darin erwärmen. Pot-au-feu in einer Suppenterrine anrichten und mit Petersilie bestreuen.

Für 4 Personen

Zubereitungszeit:
20 Minuten
Kochzeit: 1 Stunde,
50 Minuten–2 Stunden

Zutaten

1 Zwiebel
1 Bund Suppengemüse
(Möhre, Sellerie, Lauch)
1,2 kg Tafelspitz
1 Lorbeerblatt
1 EL weiße Pfefferkörner
2 Gewürznelken
800 g Kartoffeln
500 g kleine Möhren
2 Bund Lauchzwiebeln
Salz
Pfeffer
1 EL gehackte Petersilie

Tarte Tatin

Für 4 Personen

Zubereitungszeit:
20 Minuten
(ohne Wartezeit)

Backzeit: 18–20 Minuten

Zutaten

Für den Mürbeteig
200 g Mehl
100 g kalte Butter, in kleinen Flöckchen
50 g Zucker
1 Prise Salz
1 Ei
Mehl zum Ausrollen

Für den Karamell
50 g Zucker
30 g Butter

Für den Belag
3 Äpfel

Zubereitung

1 Für den Mürbeteig das Mehl mit Butter, Zucker, Salz und Ei mit den Knethaken des Handrührgeräts verrühren und dann mit den Händen zu einem glatten Teig kneten. Zu einer Kugel formen und in Folie gewickelt 30 Minuten kalt stellen.

2 Für den Karamell den Zucker mit der Butter in einer Pfanne bei großer Hitze goldbraun karamellisieren. Flüssigen Karamell auf 2 Tarteformen (18–20 cm Durchmesser) verteilen und fest werden lassen. Für den Belag die Äpfel schälen, vierteln und vom Kerngehäuse befreien. Die Äpfel dann in sehr dünne Spalten schneiden und schuppenartig auf dem harten Karamell verteilen. Den Backofen auf 180 °C vorheizen.

3 Den Mürbeteig in zwei Stücke teilen und jeweils auf der leicht bemehlten Arbeitsfläche rund und 2–3 cm größer als die Formen ausrollen. Den Teig über die Äpfel bzw. über die Form legen und dabei die Teigränder rundherum mit einem Messer etwas nach unten auf den Formboden drücken. Überschüssigen Teig abschneiden, damit später ein kleiner Rand entsteht. Tartes im Ofen 18–20 Minuten backen. Lauwarm abkühlen lassen und auf Teller stürzen.

Otto Eduard Leopold von Bismarck

Otto von Bismarck, eine der bedeutendsten Figuren der deutschen Geschichte, wurde am 1. April 1815 geboren. Nach dem Abitur immatrikulierte sich Bismarck 1832 an der Universität Göttingen für das Studium der Rechts- und Staatswissenschaften und wechselte ein Jahr später an die Universität nach Berlin.

Aber Bismarck wollte weit mehr, seine Ziele lagen in der Politik. Sein politisches Verständnis und seine konservative Grundhaltung hatten zur Folge, dass er, selbst ein Adelssprössling, die Herrschaft des Königs und die Macht des Adels verteidigte und unterstützte. Durch die Begünstigung durch einige Politiker, die sein Talent erkannten, gelang es ihm im Mai 1847 in den preußischen Landtag zu kommen. Die Revolution von 1848/49 (auch Märzrevolution genannt) verurteilte Bismarck auf das Schärfste. Nachdem er ins preußische Abgeordnetenhaus gewählt worden war, zog er mit seiner Familie 1851 nach Frankfurt. Hier vertrat er das preußische Königreich beim Bundestag des Deutschen Bundes. Ende September 1862 wurde Bismarck zur Unterstützung der Heeresreform vom preußischen König Wilhelm I. nach Berlin gerufen. Wilhelm beabsichtigte eine Reform des Heeres gegen das Parlament durchzusetzen und so ernannte er Bismarck zum preußischen Ministerpräsidenten. Im Gegenzug dazu versprach der neue Ministerpräsident, die Reform auch gegen den Willen des Parlaments durchzudrücken. Nur wenige Jahre sollten vergehen, bis es dem findigen Politiker gelang, sein eigentliches Ziel – er wollte ein Deutsches Reich, das in Einheit leben sollte (aber nicht in Freiheit, wie es die Revolutionäre von 1848/1849 gewünscht hatten) – auch in die Tat umzusetzen.

So setzte er die Einheit Deutschlands durch, allerdings als sogenannte kleindeutsche Lösung, ohne die Beteiligung Österreichs, und 1871 entstand damit erstmalig ein deutscher Nationalstaat. Am 18. 1. 1871 wurde im Spiegelsaal von Versailles die Gründung des Deutschen Reiches verkündet.
Allerdings versammelten sich in Versailles nicht die Abgesandten der Parlamente, sondern die deutschen Prinzen, Fürsten und die Militärs. Der neu gegründete Staat war eine sogenannte konstitutionelle Monarchie, somit war der König an die Verfassung gebunden. Bismarck wurde am 21.3.1871 zum ersten Reichskanzler des neu gegründeten Deutschen Reichs ernannt, zudem behielt er seine Ämter als preußischer Ministerpräsident und Außenminister.
Bismarcks weitere politische Karriere hatte im Laufe der Jahre eine erhebliche historische Wirkung auf das Deutsche Reich. Er wurde auch der „Eiserne Kanzler“ genannt. Bismarck war ein gescheiter Politiker, ein geschickter Diplomat, ein intelligenter Mensch, aber auch bedingungslos, wenn es um die Durchsetzung seiner politischen Ziele ging. Am 30. Juli 1898 starb Otto von Bismarck in Friedrichsruh bei Hamburg. Sein Tod erregte auch international großes Aufsehen und in der Presse gerieten zuvor bestimmende Themen in den Hintergrund.
Otto von Bismarck war kein Kostverächter. Zu seinen Lieblingsgerichten gehörten unter anderem Windsorsuppe, Hummer, gefüllter Fasan, Käsestangen aus Blätterteig, Rebhühner in Burgunder und Pommerscher Gänsebraten.

Windsorsuppe

Für 4 Personen

Zubereitungszeit:
15 Minuten

Kochzeit: 1 ½ Stunden

Zutaten

750 g Lamm- und Rindfleisch
einige Rinderknochen
1 Zwiebel
2 große Kartoffeln, mehligkochend
2 Möhren
1 Stange Lauch
3 EL Öl
2 EL Butter
1,5 L Fleischbrühe
150 ml Madeira
Salz
Cayennepfeffer

Zubereitung

1 Das Fleisch waschen, trockentupfen und würfeln. Die Knochen ebenfalls abwaschen und abtropfen lassen. Zwiebel, Kartoffeln und Gemüse schälen bzw. putzen, waschen und in grobe Stücke schneiden.

2 Das Öl mit der Butter in einem großen Topf erhitzen und das Fleisch und die Knochen darin rundum kräftig anbraten. Das Gemüse zufügen und kurz anrösten. Die Brühe angießen und alles mindestens 1,5 Stunden kochen lassen, bis das Fleisch sehr weich ist. Die Suppe durch ein Sieb in einen Topf passieren und wieder auf den Herd stellen. Madeira zugießen und die Suppe noch einmal aufkochen lassen. Mit Salz und Cayennepfeffer abschmecken.

Fasan auf Weinlauch

Für 4 Personen

Zubereitungszeit: 20 Minuten

Kochzeit: 30–40 Minuten

Zutaten

2 junge Fasane, mit Innereien
Salz
Pfeffer
2 EL Petersilie
2 Eier
Milch
2 Brötchen
Butterflöckchen
150 g dünn geschnittene Speckscheiben (geräuchert)
200 ml Weißwein
150 ml Gemüsefond
5 Lauchstangen
2 EL Butter
Muskat

Außerdem
Holzstäbchen

Zubereitung

1 Die Fasane gründlich waschen, von allen Federresten befreien und trockentupfen. Von innen und außen mit Salz und Pfeffer einreiben. Die Innereien waschen, klein schneiden und in der Küchenmaschine fein pürieren. Diese Masse mit Petersilie, Eiern, in Milch eingeweichten Brötchen, Salz und Pfeffer zu einer homogenen Masse vermischen und diese in die Bauchhöhlen der Fasane füllen. Die Bauchöffnung mit Holzstäbchen schließen. Die Brust der Fasane mit Butterflocken belegen.

2 Die Fasane mit den Speckscheiben umwickeln. Den Backofen auf 220 °C vorheizen und die Fasane mit der Brust nach unten in einen flachen Bräter legen. 100 ml Weißwein und Gemüsefond angießen und 30–40 Minuten braten. Dabei regelmäßig begießen, damit das empfindliche Fleisch nicht austrocknet.

3 Die Fasane 10 Minuten vor Ende der Bratzeit auf den Rücken drehen und den Speck entfernen. Während der Bratzeit die Lauchstangen von den äußeren Blättern und vom Strunk befreien. In fingerdicke Ringe schneiden, gründlich waschen und abtropfen lassen. Die Butter in einem Topf erhitzen und den Lauch in der heißen Butter kurz anrösten. Mit dem restlichen Wein begießen, mit Salz, Pfeffer und Muskat würzen und etwa 10 Minuten bissfest gar kochen. Das Gemüse auf einer großen Platte anrichten. Die Fasane der Länge nach halbieren und auf das Gemüse setzen. Dazu Kartoffeln und einen gut gekühlten Weißwein reichen.

Karl Marx

Karl Marx, am 5.5.1818 in Trier geboren, war Philosoph, Nationalökonom, Journalist, Begründer des Marxismus und wurde zusammen mit Friedrich Engels zum einflussreichsten Befürworter des Sozialismus und Kommunismus.
Im Jahr 1835 begann er in Bonn mit dem Studium der Rechtswissenschaften und schloss sich dem „Poeten-Bund" sowie der Bonner Tischgesellschaft der „Treveraner" an. Seine Studien, inzwischen vor allem in Philosophie und Geschichte, setzte er ab 1836 in Berlin fort.
1841 promovierte Marx an der Universität Jena und schloss sich in Berlin den Jung- oder Linkshegelianern an, einem Kreis, der sich politisch und zeitkritisch engagierte.
1842 arbeitete er an der „Rheinischen Zeitung für Politik, Handel und Gewerbe" in Köln zunächst als freier Journalist und später als Chefredakteur mit. Seine Artikel, in denen er das „geheime Staatswesen" in Preußen angriff und die Unterdrückung der freien Presse kritisierte, sorgten für Aufsehen.
Ende 1842 schritt die preußische Regierung gegen die Zeitung ein und verbot diese „Hure am Rhein"; die letzte Ausgabe erschien im März 1843. Marx ging darauf zuerst nach Paris und dann nach Brüssel. Hier verfasste er 1847/1848 gemeinsam mit Friedrich Engels für den Bund der Kommunisten das „Manifest der Kommunistischen Partei".
Die französische Februar-Revolution 1848 löste in ganz Europa politische Erschütterungen aus. Als diese Brüssel erreichten, wurde Marx verhaftet und aus Belgien ausgewiesen. Vorerst kehrte er nach Paris zurück.

Während der Revolution von 1848/1849 war Marx der Herausgeber für die „Neue Rheinische Zeitung“ in Köln, die er zum bedeutendsten Organ der demokratischen Bewegung machte.
Im Mai 1949 wurde Marx aus Deutschland ausgewiesen und kehrte wieder nach Paris zurück. Hier wurde er aber bereits einige Wochen später vor die Wahl gestellt, sich entweder in der Bretagne internieren zu lassen oder Frankreich zu verlassen. Marx ging daraufhin mit seiner Familie ins Exil nach London, wo er 1867 „Das Kapital“, seine berühmte Analyse und Kritik an der kapitaistischen Gesellschaft, veröffentlichte.
In seinem politischen Denken bezog Marx sich immer wieder auf das Rheinland. 1852 verfolgte er von London aus den Kölner Kommunistenprozess und beschaffte für die Angeklagten entlastendes Material. In diesem Prozess waren Mitglieder des Bundes der Kommunisten des Hochverrats angeklagt worden und Marx widmete dem Prozess die Schrift „Enthüllungen über den Kommunistenprozeß zu Köln“.
In den folgenden Jahren war Marx weiterhin als Publizist für unterschiedliche Zeitungen in verschiedenen Ländern tätig. Marx, dessen Leben von vielen persönlichen Tragödien begleitet wurde, starb am 14.3.1883 in seinem langjährigen Londoner Exil. Seine letzte Ruhestätte fand er dort auf dem nördlich von London liegenden Highgate-Friedhof.
Karl Marx hat viele Städte Europas besucht bzw. dort gelebt. Es ist deshalb anzunehmen, dass sein Speiseplan recht abwechslungsreich war. Seine Affinität zum Rheinland, insbesondere zu Köln, lässt vermuten, dass er die folgenden typischen rheinländischen Gerichte gern gegessen hat.

Möhreneintopf

Für 4 Personen

Zubereitungszeit: 35 Minuten

Kochzeit: 20 Minuten

Zutaten

750 g Kartoffeln
750 g Möhren
1 große Zwiebel
2 EL Butter
Salz
1/2 TL Zucker
Pfeffer
125 ml Milch
125 ml Sahne
Muskat
1/2 TL Schalenabrieb von 1 Zitrone
1 EL gehackte Petersilie

Zubereitung

1 Die Kartoffeln und die Möhren schälen, waschen und in Würfel schneiden. Die Zwiebel schälen und fein hacken.

2 Die Butter in einem großen Topf auslassen und die Zwiebeln darin sanft andünsten, aber nicht bräunen, salzen und mit Zucker bestreuen. Kartoffeln und Möhren kurz mitdünsten. Etwa 500 ml Wasser angießen, mit Pfeffer würzen und noch einmal salzen. Das Ganze bei geschlossenem Deckel etwa 20 Minuten gar kochen.

3 Das Kochwasser abgießen, etwas Kochsud auffangen, und die Milch mit der Sahne zu Kartoffeln und Möhren geben. Das Ganze kurz aufkochen, dann von der Herdplatte ziehen. Das Gemüse mit einem Kartoffelstampfer zu einer breiigen Masse zerstampfen. Falls nötig noch etwas von dem Kochsud zufügen, bis die gewünschte Konsistenz erreicht ist. Abschließend erneut mit Salz, Pfeffer und mit Muskat würzen und geriebener Zitronenschale kräftig abschmecken. Zum Schluss die Petersilie untermischen. Den Möhreneintopf mit frischer Bratwurst servieren.

Himmel un Äd

Zubereitung

1 Die Kartoffeln schälen, waschen, grob in Stücke schneiden und in Salzwasser wie gewohnt gar kochen. Die Äpfel waschen, schälen, vierteln, vom Kerngehäuse befreien und in Stücke schneiden. Die Apfelstücke mit etwas Wasser, Zucker und Zitronensaft in einem Topf mit geschlossenem Deckel bei geringer Hitze garen. Die Zwiebeln schälen und in Ringe schneiden.

2 Den Speck in feine Würfel schneiden und in einer Pfanne anrösten. Die Zwiebeln dazugeben und goldbraun braten. Von der Blutwurst die Pelle entfernen und die Wurst in fingerdicke Scheiben schneiden.

3 Die Kartoffeln abgießen und stampfen. Dann Milch, Butter, Salz und Muskat dazugeben und solange mit dem Schneebesen verrühren, bis ein feines Püree entstanden ist. Das Apfelkompott hinzufügen und gut unterrühren, warm halten.

4 Die Zwiebel- und Speckwürfel aus der Pfanne nehmen, ebenfalls warm halten. In dem in der Pfanne verbliebenen Fett die Blutwurst von beiden Seiten knusprig braten. Das Püree auf Tellern portionieren, die Zwiebel- und Speckmischung darauf verteilen und die Blutwurst auf das Püree setzen.

Für 4 Personen

Zubereitungszeit: 25 Minuten

Kochzeit: 30 Minuten

Zutaten

- 750 g Kartoffeln
- Salz
- 4 große Äpfel
- 1 EL Zucker
- 1 EL Zitronensaft
- 4 große Zwiebeln
- 80 g Räucherspeck
- ½ Ring Blutwurst
- 1 Tasse heiße Vollmilch
- 20 g Butter
- 1 Prise Muskat

Apfel-Pfannkuchen

Für 4 Personen

Zubereitungszeit:
15 Minuten
(ohne Wartezeit)
Kochzeit: etwa 6 Minuten
je Pfannkuchen

Zutaten

4 Eier
500 ml Milch
4 EL Zucker
1 Prise Salz
200 g Mehl
1 Packg. Puddingpulver, Vanille-Geschmack (für 500 ml Milch, zum Kochen)
½ TL Backpulver
3 Äpfel
Saft von 1 Zitrone
3–4 EL Butterschmalz
1 TL Zimt

Zubereitung

1 Eier in eine Schüssel aufschlagen und mit Milch, 2 Esslöffeln Zucker und Salz kurz verquirlen. Das gesiebte Mehl mit Puddingpulver und Backpulver mischen, langsam zu der Eiermischung geben und alles zu einem glatten Teig rühren. Den Teig 10 Minuten ruhen lassen.

2 Die Äpfel waschen, vom Kerngehäuse befreien, in Ringe schneiden und von beiden Seiten mit Zitronensaft beträufeln. Butterschmalz portionsweise in einer Pfanne auslassen und jeweils eine Suppenkelle Teig hineingeben. Kurz stocken lassen, dann 3 Apfelscheiben darauflegen. Jeweils 3 Minuten backen lassen, bis die Unterseite goldbraun wird.

3 Pfannkuchen wenden und weitere 2–3 Minuten zu Ende backen. Fertige Pfannkuchen warm stellen. Aus dem restlichen Teig und den Apfelscheiben weitere Pfannkuchen ebenso zubereiten, bis der Teig und die Äpfel aufgebraucht sind. Zimt mit dem übrigen Zucker mischen und die Pfannkuchen damit bestreuen.

Dazu passt eine Kugel Vanilleeis sehr gut.

Ludwig II. (Bayern)

Der sogenannte Märchenkönig Ludwig II. wurde am 25. August 1845 auf Schloss Nymphenburg geboren. Die Eltern Maximilian II. von Bayern und Marie von Preußen ließen ihn und seinen Bruder Otto streng und pflichtbetont erziehen, hielten selbst aber Distanz zu den Söhnen.

Bereits mit 18 Jahren bestieg der junge Ludwig 1864 mit wenig Lebens- und ohne Politikerfahrung den Thron. Als es 1866 zwischen Österreich und Preußen zum Krieg kam, musste Ludwig aufgrund des Bündnisses mit Österreich die Mobilisierung der bayerischen Armee an der Seite Österreichs gegen Preußen anordnen.

Preußen, unter der Führung von Otto von Bismarck, ging im „Deutschen Krieg" gegen Österreich und Bayern als Sieger hervor, weshalb Bayern anschließend außenpolitisch von Preußen abhängig wurde. Bayern ging mit Preußen das sogenannte Schutz- und Trutzbündnis ein, wodurch sich beide Parteien verpflichteten, in weiteren Kriegsfällen dem jeweils anderen die volle Kriegsmacht zur Verfügung zu stellen.

Als 1870 der letzte Reichseinigungskrieg begann, wollte Bismarck den Einfluss Frankreichs in Europa zurückdrängen. Das mit Preußen geschlossene Schutz- und Trutzbündnis zwang Ludwig nun gegen Frankreich in den Krieg zu ziehen. Zudem wurde von ihm erwartet, dass er König Wilhelm I. von Preußen die deutsche Kaiserkrone anbieten sollte. Zwar wenig begeistert, war dem Monarchen aber klar, dass er im Interesse Bayerns keine Wahl hatte. So unterschrieb Ludwig den sogenannten „Kaiserbrief". Die Proklamation Wilhelms I. zum Deutschen Kaiser am 18. Januar 1871 fand im geschlagenen Frankreich im Spiegelsaal des Schlosses Versailles statt. Fast zeitgleich erfolgte die Deutsche Reichsgründung und die neue Bundesverfassung trat in Kraft.

Ludwig II. war ein kunstinteressierter, musischer, zutiefst gläubiger Mensch und vor allem hatten es ihm die Werke des Komponisten Richard Wagner angetan. Wagner erhielt, um die Vollendung seiner Werke zu ermöglichen, große Geldbeträge vom König, jedoch löste des Komponisten intensiver Umgang mit dem König bei höhergestellten Personen Missfallen aus. Im Laufe der Jahre errichtete sich Ludwig eine Scheinwelt (da ihn die reale Welt nicht befriedigen konnte), in der er, fern von der Gegenwart, seit etwa 1875 nachts lebte und am Tage schlief. In fantastischen Kutschen oder Schlitten bewegte sich der König nachts fort, manchmal im historischen Kostüm. Seine Schlossbauten sind nicht allein einer Prunksucht entsprungen, seine Schlösser sind wahre Kunstwerke, durch die er seine Träume verwirklichte und sich seine eigene Welt baute.

So entstand Herrenchiemsee als Huldigung an den Sonnenkönig, Schloss Linderhof hätte Marie Antoinette in Verzückung gesetzt und Neuschwanstein wurde die Burg der deutschen Heldensagen.
Die selbst gewählte „Idealwelt“ des Monarchen war mit den Pflichten eines Staatsoberhauptes nicht länger zu vereinbaren. Auch die luxuriösen und extravaganten Ausgaben waren mit seinen privaten Mitteln nicht zu finanzieren und Ludwig scheiterte an seinem Wunsch, seine Scheinwelt mit der Realität in Einklang zu bringen. Im Juni 1886 erfolgte die Entmündigung Ludwigs, aufgrund eines psychiatrischen Gutachtens durch den damals sehr populären Psychiater Dr. Gudden, indem er schlichtweg für paranoid erklärt wurde.

Dabei war der König vorher weder körperlich untersucht noch persönlich gesprochen worden. Das Gutachten beruhte allein auf Personenaussagen aus dem Umfeld des Königs und dabei blieben positive Verhaltensweisen vollkommen unberücksichtigt. Der Onkel Ludwigs II., Prinz Luitpold, übernahm die Regentschaft.
Unter bis heute ungeklärten Umständen starb Bayerns Märchenkönig am 13. Juni 1886 nach einem Spaziergang mit seinem Arzt im Starnberger See, angeblich wollte sich der König das Leben nehmen. Heute halten es jedoch immer mehr Ludwig-Forscher für möglich, dass der bayerische König aus politischen Gründen ermordet wurde, was sich allerdings nicht mehr beweisen lässt.
Sowohl auf Schloss Linderhof als auch auf Herrenchiemsee ist der jeweilige Speisesaal mit einem „Tischleindeckdich“ ausgestattet. Das heißt, dass der Tisch durch eine Mechanik von oben nach unten in die Küche gelassen werden konnte. Dort wurde er gedeckt und wieder nach oben gefahren, so dass der König allein, ohne die Anwesenheit seiner Diener, speisen konnte.
Ludwig II. hatte ein Faible für die französische Küche. Auch hatte er eine Vorliebe für Süßigkeiten, weshalb er im Laufe der Jahre, aufgrund schlechter Zähne, gern „weiche“ Speisen zu sich nahm und oftmals auf die französischen Spezialitäten verzichten musste. Vielleicht aß er zur Einweihung von Schloss Herrenchiemsee an seinem Tischleindeckdich folgendes Menü.

Maronensuppe

Für 4 Personen

Zubereitungszeit: 40 Minuten

Kochzeit: 10 Minuten

Zutaten

750 g Esskastanien (Maronen)

40 g Semmelbrösel

1 L Rinderbrühe

Salz

200 ml Sahne

Pfeffer

gehackte Petersilie

Zubereitung

1 Die Maronen mit einem spitzen Messer an der flachen Seite einschneiden. Für einige Minuten in kochendem Wasser köcheln lassen, abgießen und sofort schälen. Maronen in Salzwasser weich kochen, abgießen und 8 Kastanien als Einlage beiseitelegen. Die übrigen Kastanien in der Küchenmaschine fein pürieren und mit den Semmelbröseln verrühren.

2 Das Kastanienpüree mit so viel heißer Rinderbrühe aufgießen, dass eine sämige, nicht zu dicke Suppe entsteht. Das Ganze einmal kurz aufkochen lassen. Die Hitze reduzieren, die Sahne dazugeben und mit Salz und Pfeffer würzen.

3 Vor dem Servieren die Maronensuppe etwas mit dem Stabmixer schaumig aufschlagen. Die übrigen ganzen Maronen auf Suppentassen verteilen und mit der heißen Maronensuppe auffüllen. Mit etwas Petersilie bestreut servieren.

Die Maronen als Einlage schmecken besonders gut, wenn man sie nicht kocht, sondern röstet. Die ideale Garzeit liegt bei 200 °C im heißen Backofen für etwa zehn Minuten. Dann die Kastanien schälen und in die Suppe geben.

Hechtenkraut

Für 4 Personen

Zubereitungszeit: 30 Minuten

Kochzeit: 40 Minuten

Zutaten

2 Zwiebeln
2 EL Öl
600 g Sauerkraut
130 ml Apfelsaft
6 EL Weißwein, trocken
1 Lorbeerblatt
2 Wacholderbeeren
Salz
Pfeffer
800 g Hechtfilet
Etwas Zitronensaft
½ Bund Petersilie
250 ml Sahne
2 EL Semmelbrösel
30 g Butter

Zubereitung

1 Zwiebeln schälen und in feine Würfel schneiden. 1 Esslöffel Öl in einem großen backofengeeigneten Topf erhitzen und die Zwiebeln darin bei schwacher Hitze glasig braten. Sauerkraut, Apfelsaft, Wein, Lorbeerblatt, Wacholderbeeren, Salz und Pfeffer zugeben. Aufkochen lassen und mit geschlossenem Deckel bei schwacher Hitze 20 Minuten garen.

2 Den Fisch waschen, trockentupfen, in etwa 3 Zentimeter breite Streifen schneiden, mit Salz und Pfeffer würzen und mit Zitronensaft beträufeln. Die Petersilie waschen, trockenschütteln und fein hacken. Den Backofen auf 220 °C vorheizen.

3 Die Sahne zum Kraut gießen und die Petersilie unterrühren. Den Fisch auf das Kraut legen, mit den Semmelbröseln bestreuen und die Butter als Flöckchen darüber verteilen. Das Ganze im Backofen etwa 20 Minuten goldgelb backen lassen.

Frische Apfelküchle

Zubereitung

1 Das Mehl in eine Schüssel sieben und mit Ei, Salz und Zucker verrühren. So viel Milch dazurühren, bis ein dickflüssiger Pfannenkuchenteig entsteht. Den Teig beiseitestellen und 20 Minuten quellen lassen.

2 Die Äpfel waschen, schälen, vierteln und vom Kerngehäuse befreien. Anschließend grob raspeln und sofort unter den Teig heben. Die Rosinen und die Nüsse unter den Teig rühren. Etwas Öl in einer Pfanne erhitzen und mit einem Esslöffel jeweils etwas Teig in das heiße Fett geben. Daraus portionsweise kleine goldbraune Pfannkuchen backen und anschließend auf einem Küchenpapier abtropfen lassen. Pfannkuchen mit etwas Zimtzucker bestreuen und noch warm servieren.

Für 4 Personen

Zubereitungszeit:
15 Minuten
(ohne Wartezeit)
Kochzeit: 3–4 Minuten
pro Küchle

Zutaten

100 g Mehl
1 Ei
1 Prise Salz
1 TL Zucker
etwas Milch
4 Äpfel
2 EL Rosinen
2 EL gehackte Haselnüsse

Außerdem
Öl zum Braten
Zimtzucker zum Bestreuen

Zwischen den Weltkriegen

Der Erste Weltkrieg

Es dauerte nur knapp sechs Wochen, um die Welt 1914 in einen Weltkrieg zu stürzen. Sie begannen mit einem mörderischen Attentat, als der österreichisch-ungarische Thronfolger Erzherzog Franz Ferdinand mit seiner Ehefrau Sophie die bosnische Stadt Sarajewo besuchte und beide durch Pistolenkugeln starben.
Nach diesem Anschlag mutmaßte die österreichisch-ungarische Führung unter Kaiser Franz Josef, der serbische Staat stecke hinter dem Mord, und Österreich-Ungarn erklärte am 28. Juli 1914 Serbien den Krieg. Volle Unterstützung erhielt Österreich-Ungarn durch den deutschen Kaiser Wilhelm II., und auf der Gegenseite fand Serbien im russischen Zaren Nikolaus Beistand. Die französische Republik wiederum war mit Russland verbündet (zu diesem Bündnis gehörte auch Großbritannien) und machte sich ebenfalls bereit. Am 1. August erklärte das Deutsche Reich Russland den Krieg, dann am 3. August Frankreich. Dieser Krieg, der bis 1918 andauerte, stürzte noch weitere Nationen in den Abgrund und forderte 17 Millionen Menschenleben.

Proklamation der deutschen Republik

Zum Ende des Jahres 1918 erlebte das Deutsche Reich eine Woge von Aufständen mit der Forderung nach einem Ende des Krieges und der Abdankung des Kaisers, der einem Friedensschluss entgegenstand.
Am 9. November 1918 organisierten sich linkssozialistische Kräfte in der Hauptstadt Berlin zu einem Generalstreik, der von der MSPD (Mehrheitssozialdemokratische Partei Deutschland) und den Gewerkschaften unterstützt wurde.
Als der Reichskanzler des Kaiserreichs, Prinz Max von Baden, vergeblich versuchte den Kaiser zur Abdankung zu bewegen, verkündete er dann eigenmächtig die Abdankung Wilhelms II. Die Regierungsgeschäfte übergab der Prinz an Friedrich Ebert (MSPD). Während sich Ebert noch bemühte, zusammen mit der USPD (Unabhängige Sozialdemokratische Partei Deutschlands) eine provisorische Regierung zu bilden, spitzte sich die Lage auf den Straßen Berlins weiter zu.
Als Philipp Scheidemann die Nachricht erhalten hatte, der Linkssozialist Karl Liebknecht

hätte die Absicht, eine sozialistische Republik auszurufen, eilte Scheidemann, ohne vorherige Absprache mit Ebert, auf den Balkon des Reichstages und rief gegen 14.00 Uhr eine „Deutsche Republik“ aus.

Friedrich Ebert

Friedrich Ebert (1871-1925) war der erste demokratisch gewählte Reichspräsident der Weimarer Republik.
Im Jahr 1900 wurde er Vorsitzender der SPD-Fraktion im Stadtparlament Bremen. Fünf Jahre später ging er als Sekretär des Parteivorstandes nach Berlin, wo er 1912 zum Reichstagsabgeordneten gewählt und bereits 1913 zusammen mit Hugo Haase zum Parteivorsitzenden der SPD gewählt wurde.
Mit der faktischen Abdankung Kaiser Wilhelms II. am 9. November 1918 nahm Ebert das Amt des Reichskanzlers (vom letzten kaiserlichen Reichskanzler Prinz Max von Baden übertragen) an. Das neue Parlament der Republik, die Weimarer Nationalversammlung, wählte Ebert am 11. Februar 1919 zum vorläufigen Reichspräsidenten und er wurde nach Inkrafttreten der Weimarer Reichsverfassung im Amt bestätigt. Ebert hatte in den stürmischen Anfangsjahren der Weimarer Republik als Reichspräsident viel zu tun. Mit ganzer Stärke und Autorität nutzte er die Rechte, die ihm die Verfassung verliehen hatte, für dieses demokratische Staatswesen voll aus. Als Reichspräsident verstand sich Ebert allen Deutschen (und nicht nur einer Partei) zugehörig und er machte sich zum Ziel, den wirtschaftlichen Wiederaufbau Deutschlands voranzutreiben und ordnungsgemäße Rechtsverhältnisse herzustellen. Im Laufe seiner langen Amtszeit trug Ebert als gemäßigter Politiker maßgeblich zur Stabilisierung der Weimarer Republik bei. Er starb am 28. Februar 1925 an den Folgen einer verschleppten Blinddarmentzündung.

In „mageren“ Zeiten war das Nahrungsangebot der einfachen Leute sicher nicht allzu reichhaltig. Nach dem Krieg hungerten die Menschen und freuten sich über jede Kante Brot. Was Friedrich Ebert gerne aß, konnte leider nicht recherchiert werden, aber es ist anzunehmen, da er aus Heidelberg stammte, dass er gern bodenständige Mahlzeiten zu sich nahm.

Dampfnudeln

Für 4 Personen

Zubereitungszeit:
30 Minuten
(ohne Wartezeit)
Kochzeit: 18 Minuten

Zutaten

Für den Teig

500 g Weizenmehl
310 ml Milch
20 g Frischhefe
5 g Salz

Zum Kochen

1 EL Schmalz
½ EL Butter
5 g Salz

Zubereitung

1 Für den Vorteig 200 g Mehl mit 200 ml warmer Milch und 0,5 g Hefe mischen und abgedeckt über Nacht bei Raumtemperatur gehen lassen.

2 Am Folgetag den Vorteig mit allen anderen Teigzutaten zu einem Teig kneten und diesen anschließend 10 Minuten kräftig auskneten. Erneut 1 Stunde warm stellen und gehen lassen. Den Teig nochmals durchkneten und 80–90 g schwere Stücke abstechen. Zu runden Kugeln formen und abgedeckt für weitere 60 Minuten an einen warmen Ort stellen.

3 Eine sehr gut beschichtete (oder gusseiserne) Pfanne mit Glasdeckel etwa 1 cm hoch mit Wasser füllen, Schmalz, Butter und Salz zugeben und auf höchster Stufe aufkochen lassen. Sobald das Wasser kocht, die Teigkugeln eng anliegend in die Pfanne setzen und den Glasdeckel schließen.

4 Das Ganze 3 Minuten auf höchster Stufe kochen lassen. Weitere 15 Minuten auf mäßiger Hitze kochen. Das Wasser sollte nach dieser Zeit vollkommen verdunstet sein. Auch am Deckel sollte sich kein Wasser mehr befinden. Den Deckel vorsichtig hochheben und schnell wegziehen, damit kein Wasser vom Deckel auf die Dampfnudeln tropft. Die Dampfnudeln sollten an der Unterseite eine knusprige, braune Kruste gebildet haben.

Kartoffelpfannkuchen

Zubereitung

1 Kartoffeln schälen, waschen und in eine Schüssel reiben, die sich bildende Kartoffelflüssigkeit abgießen. Die Zwiebeln schälen und zu den Kartoffeln reiben.

2 Die Kartoffelmasse mit den Eiern und dem Mehl verrühren. Mit Salz und Pfeffer würzen. Etwas Butterschmalz in einer großen Pfanne erhitzen. Mit einer Schöpfkelle portionsweise von der Kartoffelmasse nehmen und in das heiße Fett geben, etwas flach drücken und von beiden Seiten goldbraun ausbacken. Weiter so verfahren, bis der Teig aufgebraucht ist. Traditionell werden die Pfannkuchen zu Kartoffelsuppe und zu Linsensuppe gegessen, aber auch mit Apfelmus schmecken sie hervorragend.

Für 4 Personen

Zubereitungszeit: 30 Minuten

Kochzeit: etwa 4 Minuten je Portion

Zutaten

1 kg Kartoffeln
2 große Zwiebeln
4 Eier
3 EL Mehl
Salz
Pfeffer
8–10 EL Butterschmalz

Kerscheplotzer

Für 4 Personen

Zubereitungszeit: 25 Minuten

Backzeit: 60 Minuten

Zutaten

- 10–12 altbackene Brötchen
- 750 ml Milch
- 6 Eier
- 1 ½ kg Kirschen
- 80 g Butter
- 80 g Zucker
- 1 TL Zimt

Zubereitung

1 Die Brötchen in kleine Stücke schneiden. Die Milch in einem Topf etwas erwärmen und die Brötchen damit übergießen. Die Eier trennen. Die Kirschen waschen und entkernen.

2 Die Butter mit dem Zucker, den Eigelben und Zimt schaumig rühren. Das Eiweiß zu steifem Eischnee schlagen und mit den Kirschen unterheben. Diese Masse in eine mit Butter eingefettete Auflaufform füllen und bei 200 °C im Backofen etwa 60 Minuten backen lassen.

Im Sommer können auch frische Kirschen verwendet werden. Diese müssen lediglich entsteint werden.

Als Außenminister war er bis zu seinem Tod im Jahr 1929 tätig.
Innenpolitisch war er erfolgreich, als es ihm 1923 gelang, die Ruhrbesetzung zu beenden (im Januar 1923 wurde das Ruhrgebiet gegen den Willen Großbritanniens durch französische und belgische Truppen besetzt, weil Deutschland mit den Reparationszahlungen in Rückstand geraten war) und die sich anschließenden bayerischen Staatsstreichpläne und Umsturzversuche zu verhindern.
Außenpolitisch war Stresemann ebenfalls sehr zielstrebig. 1924 erfolgte die Annahme des Dawes-Plans und 1925 des Locarno-Vertrages, der unter anderem die deutschen Westgrenzen garantierte. 1926 erreichte er den Eintritt Deutschlands in den Völkerbund. Für seine deutsch-französische Verständigungspolitik erhielt er 1926 den Friedensnobelpreis.
Am 3. Oktober 1929 starb Stresemann infolge zweier Schlaganfälle im Alter von 51 Jahren.
Der gebürtigen Berliner Gustav Stresemanns dürfte ein Faible für die typische Berliner Küche gehabt haben.

Soleier

Für 4 Personen

Zubereitungszeit: 10 Minuten (ohne Warezeit)

Kochzeit: 10 Minuten

Zutaten

12 Eier
60 g Salz
1 TL Zucker
1 TL Kümmelsamen
1 TL schwarze Pfefferkörner
3 Pimentkörner
1 Lorbeerblatt
Schale von 1 braunen Zwiebel

Zum Servieren

Etwas Öl
Etwas Essig
Etwas Senf
Frisch gemahlener Pfeffer

Außerdem

Ein großes Glas mit Schraubverschluss

Zubereitung

1 Die Eier wie gewohnt in reichlich Wasser 10 Minuten hart kochen. Anschließend abgießen und kalt abspülen. Dann jedes Ei leicht anschlagen, so dass die Schale rundherum Risse bekommt. Eier in ein großes Glas geben.

2 Salz, Zucker, Kümmel, Pfefferkörner, Piment, Lorbeer, Zwiebelschale in 1 Liter Wasser aufkochen, bis sich das Salz aufgelöst hat. Diese Salzlösung etwas abkühlen lassen und noch warm über die Eier gießen, so dass diese vollständig bedeckt sind. Die Eier für 2–3 Tage im Kühlschrank in der Lösung ziehen lassen. Die Soleier werden wie folgt gegessen: pellen, halbieren und das Eigelb vorsichtig herauslösen. Jeweils etwas Öl, Essig und Senf in die entstandene Mulde geben, mit Pfeffer würzen und das Eigelb vorsichtig wieder draufsetzen.

Königsberger Klopse

Zubereitung

1 Die Brötchen in einer Schüssel mit Wasser einweichen, anschließend ausdrücken. Die Zwiebeln schälen und eine in feine Würfel schneiden. Die Kartoffeln schälen und waschen. Petersilie waschen und fein hacken. Hackfleisch mit den Brötchen, den Zwiebelwürfeln, dem ganzem Ei, Salz und Pfeffer in eine Schüssel geben und alles verkneten. Daraus mit angefeuchteten Händen etwa 12 Klöße formen.

2 Etwa 2 Liter leicht gesalzenes Wasser in einem weiten Topf aufkochen. Die zweite Zwiebel halbieren und mit dem Lorbeerblatt ins Salzwasser geben. Die Klöße hineingeben und darin bei schwacher Hitze 15–20 Minuten köcheln. Die Kartoffeln zeitgleich in Salzwasser gar kochen. Klöße mit einer Schaumkelle aus der Brühe heben und die Fleischbrühe durch ein feines Sieb in eine Schüssel gießen. Für die Soße etwa 1 Liter Brühe abmessen.

3 Die Butter in einem Topf erhitzen, das Mehl gleichmäßig einrühren und goldgelb anschwitzen. Die abgemessene Fleischbrühe und die Sahne nach und nach dazugießen und unter ständigem Rühren aufkochen. Die Soße dann etwa 5 Minuten leise köcheln lassen, dabei ab und zu umrühren. Zum Legieren der Soße das Eigelb verquirlen, mit etwa 2 Esslöffeln Soße mischen und dann unter die übrige Soße rühren. Die Soße jetzt nicht mehr kochen lassen, damit sie nicht gerinnt. Kapern zufügen und die Soße mit Salz, Pfeffer, Zitronensaft und 1 Prise Zucker abschmecken. Klopse in die Soße geben und kurz darin erhitzen. Kartoffeln abgießen. Die Königsberger Klopse auf Tellern mit den Kartoffeln anrichten und mit der gehackten Petersilie bestreut servieren.

Für 4 Personen

Zubereitungszeit:
30 Minuten
Kochzeit: 20-25 Minuten

Zutaten

1 Brötchen (vom Vortag)
2 Zwiebeln
1 kg Kartoffeln
½ Bund Petersilie
800 g gemischtes Hackfleisch (halb Rind, halb Schwein)
1 Ei
Salz
Pfeffer
1 Lorbeerblatt
5 EL Butter
5 EL Mehl
200 g Sahne
1 Eigelb
2 EL Kapern, aus dem Glas
1–2 EL Zitronensaft
1 Prise Zucker

Berliner Luft

Für 4 Personen

Zubereitungszeit:
15 Minuten
(ohne Wartezeit)

Zutaten

400 g Himbeeren
4 Blatt weiße Gelatine
4 Eier
150 g Zucker
1 Prise Salz
Zimt
Saft von 1 Zitrone
200 ml Weißwein
2 Packg. Vanillezucker

Zubereitung

1 Himbeeren verlesen. Gelatine kalt einweichen. Die Eier trennen. Eigelb, Zucker, Salz und Zimt dick-cremig aufschlagen. Zitronensaft einrühren. Den Wein erwärmen, die Gelatine ausdrücken und im heißen Wein auflösen. Unter Rühren in die Eigelbmasse gießen und 5–8 Minuten kalt stellen, bis die Creme zu gelieren beginnt.

2 Währenddessen das Eiweiß steif schlagen und dann locker unter die gelierende Creme heben. In vier Dessertgläser füllen und mindestens 2 Stunden kalt stellen. Die Himbeeren mit dem Vanillezucker pürieren und durch ein feines Sieb streichen. Die Berliner Luft mit der Himbeersoße servieren.

Weltwirtschaftskrise und Diktatur

Der 25. Oktober 1929 ist als sogenannter Schwarzer Freitag in die Geschichte eingegangen. Bereits am 24. Oktober kam es zu einem dramatischen Kurssturz an der New Yorker Börse (die Amerikaner sprechen daher vom „Black Thursday“), welcher den Beginn einer weltweiten Wirtschaftskrise auslöste. Durch die Zeitverschiebung erreichte der Börsencrash erst am Freitag die europäischen Börsen.

Die Auswirkungen auf Deutschland waren verheerend. Konkurse, Massenentlassungen und erhebliche Lohnkürzungen waren die Folge. Amerika forderte Schulden und Kredite ein und zog sein Kapital aus Deutschland ab, um die eigene dramatische Wirtschaftssituation zu stützen.

Die nachlassende Kaufkraft sorgte für enorme Absatzschwierigkeiten und trieb die deutsche Wirtschaft in den Ruin. Bedingt durch diese Abwärtsspirale stieg die Arbeitslosenzahl in Deutschland von rund 2 Millionen im Jahr 1929 auf über 6 Millionen im Jahr 1932 an. Ohne Aussicht auf Arbeit und damit auf ein sicheres Einkommen waren die Menschen in jener Zeit vollkommen verzweifelt und ohne Zukunftsperspektive.

Damit war der gesellschaftliche Nährboden für Hitler (und die NSDAP) geschaffen, der erfolgreich die Massen mobilisierte. In reißerischen Hetzkampagnen versprach er den Menschen eine rosige Zukunft, Brot, Arbeit und einen Ausweg aus der Krise. Begeistert über die neue Richtung der Nationalsozialisten, kehrten sich viele Menschen endgültig von der Weimarer Demokratie ab und schafften so die Grundlage zu Hitlers Machtergreifung.

Von 1933 bis 1945 war Adolf Hitler Reichskanzler und selbst ernannter „Führer“ des Deutschen Reichs. Der vom Deutschen Reich begonnene zweite Weltkrieg war der bis dahin größte und verlustreichste Konflikt in der Menschheitsgeschichte. Auslöser des Krieges war der Angriff Deutschlands auf Polen am 1. September 1939.

Dieser schreckliche, durch faschistische Denkweisen geprägte Krieg forderte etwa 55 Millionen Menschenleben. Allein im größten Verbrechen der Weltgeschichte, dem Holocaust, wurden ca. 6 Millionen Juden systematisch in Konzentrationslagern umgebracht.

Claus Schenk Graf von Stauffenberg

Am 15. November 1907 erblickte Claus Schenk Graf von Stauffenberg als Sohn des Oberhofmarschalls Alfred Stauffenberg und dessen Ehefrau Caroline (geb. Gräfin Üxküll-Gyllenband) in Bayern das Licht der Welt. Im April 1926 trat Stauffenberg nach dem Abitur in das traditionsreiche 17. Reiterregiment in Bamberg ein. Im April 1932 sprach sich Stauffenberg anlässlich der Reichspräsidentenwahl gegen Paul von Hindenburg und zugunsten von Adolf Hitler aus.
Im Mai 1933 erfolgte seine Ernennung zum Leutnant und seine Beteiligung an der militärischen Ausbildung der Mitglieder der Sturmabteilung (SA). Im Jahr 1938 wurde er zum Generalstabsoffizier befördert und nahm in dieser Stellung 1940 an der Westoffensive gegen Frankreich teil.
Die deutschen Massenmorde an Juden, Polen und Russen, aber auch Vorbehalte wegen der unsachgemäßen militärischen Führung sowie der Vernichtungskrieg, den die deutsche Kriegsmaschinerie in Hitlers Auftrag an der Ostfront führte, veranlassten Stauffenberg 1942 dazu, sich dem militärischen Widerstand anzuschließen. Er wurde zum entschiedenen Gegner des Diktators.
Gemeinsam mit seinem Bruder Berthold und den Mitgliedern des Kreisauer Kreises war er an den Entwürfen für die Zeit nach dem Umsturz beteiligt. 1943 verlor Stauffenberg durch einen Taffliegerangriff in Afrika ein Auge, die rechte Hand und zwei Finger der linken Hand. Zurück in Deutschland erarbeitete er nach seiner Genesung gemeinsam mit General Friedrich Olbricht, Abrecht Ritter Mertz von Quirnheim und Henning von Tresckow den Operationsplan „Walküre". Claus von Stauffenberg war der Kopf des technischen Teils des Staatsstreichs geworden und gleichzeitig der Attentäter. Nur er konnte von Berlin aus den Militärputsch erfolgreich leiten und das geplante Attentat ausführen, denn vom inneren Kreis der Hitler-Gegner hatte nur er Zugang zum Führerhauptquartier, um eine Bombe zu legen. Er plante das Attentat mit Carl-Friedrich Goerdeler und Ludwig

Beck. Zudem unterhielt er Kontakte zum zivilen Widerstand um Julius Leber, Wilhelm Leuschner sowie zu den Mitgliedern des Kreisauer Kreises.

Am 20. Juli 1944 betrat Stauffenberg den Besprechungsraum des Führerhauptquartiers der Wolfsschanze. Es war ihm nicht möglich, die Tasche mit dem Sprengstoff unmittelbar neben Hitler zu deponieren, er stellte sie weiter entfernt ab und verließ unter einem Vorwand den Raum.

Als die Sprengladung um 12.42 Uhr detonierte, befand sich Hitler unter den 20 Überlebenden.

Noch am gleichen Tag wurden Stauffenberg und seine Mitverschwörer von regierungstreuen Offizieren verhaftet. Die sofortige Erschießung wegen Hoch- und Landesverrats wurde angeordnet. Bereits in der Nacht wurde Claus Schenk Graf von Stauffenberg gemeinsam mit Werner von Haeften, Albrecht Ritter Merz von Quirnheim und Friedrich Olbricht erschossen. Ludwig Beck erhielt die Gelegenheit zur Selbsttötung; als ihm dies aber misslang, wurde er ebenfalls erschossen.

Himmler ordnete deren Verbrennung an und ließ ihre Asche über die Felder verstreuen.

Claus Schenk Graf von Stauffenberg wurde durch seine Tat zu einem der wenigen wirklich großen Helden der deutschen Geschichte.

Da Stauffenberg gebürtiger Bayer war, hat er folgende bayerische Gerichte bestimmt gerne auf dem Esstisch gesehen.

Grießnockerlsuppe

Zubereitung

1 Das Fleisch waschen, in etwa 1,5 Liter kochendes Salzwasser geben und etwa 50 Minuten leise köcheln lassen. In dieser Zeit das Suppengemüse schälen bzw. putzen, waschen und in kleine Stücke schneiden. Die Zwiebel schälen und würfeln. Für die Grießnockerln die weiche Butter schaumig schlagen und salzen. Nach und nach die Eier und den Grieß unterrühren, so dass ein fester Teig entsteht, anschließend 30 Minuten ruhen lassen. Die Petersilie gründlich waschen, gut trockenschleudern und fein hacken.

2 Das Gemüse und die Zwiebel zum Fleisch geben und weitere 10 Minuten köcheln lassen. Aus dem Teig mit Hilfe von zwei Teelöffeln Nockerln formen und sofort in die kochende Brühe geben. Die Hitze sogleich reduzieren und etwa 15 Minuten ziehen lassen. Die Grießnockerln sind gar, wenn sie an der Oberfläche schwimmen. Das Fleisch aus der Brühe nehmen und anderweitig verwenden. Die Grießnockerlsuppe gleichmäßig auf Suppenteller verteilen und mit reichlich Petersilie garniert servieren.

Die Grießnockerln können mit 2 EL kaltem Wasser abgeschreckt und erneut 10 Minuten ziehen gelassen werden. Dann verdoppeln sie ihr Volumen.

Für 4 Personen

Zubereitungszeit:
30 Minuten
(ohne Wartezeit)
Kochzeit: 1 Stunde,
15 Minuten

Zutaten

500 g Rindfleisch (Suppenfleisch)
Salz
1 Bund Suppengemüse
1 Zwiebel
4 EL Butter
1/2 TL Salz
3 Eier
150 g Hartweizengrieß
1 Bund Petersilie

Gegrillte Schweinshaxe

Für 4 Personen

Zubereitungszeit: 20 Minuten

Kochzeit: 2–2 ½ Stunden

Zutaten

2 hintere Schweinshaxen
Salz
Pfeffer
1 Zwiebel
40 g Butterschmalz

Zubereitung

1 Die Haxen waschen, gut trockentupfen und von evtl. vorhandenen Borsten befreien. Die Speckschwarten mit einem scharfen Messer rautenförmig bis zum Fleisch einschneiden. Die Haxen gut mit Salz und Pfeffer einreiben. Die Zwiebel ungeschält halbieren. Den Backofen auf 200 °C vorheizen.

2 Die Haxen in eine Kasserolle legen, Zwiebelhälften, Butterschmalz und etwas Wasser dazugeben und im Backofen etwa 2–2 ½ Stunden braten lassen. Die Haxen immer wieder drehen und mit Bratensaft begießen. 10 Minuten vor Ende der Garzeit die Haxen aus der Kasserolle auf ein Backblech legen und den Grill einschalten. Die Haxen sollen schön knusprig werden. Die gegrillten Schweinshaxen vom Knochen lösen und mit Senf und Brot servieren. Als Beilage schmecken sehr gut ein Weißkrautsalat und natürlich ein kaltes Bier.

Bayerische Creme

Zubereitung

1 Die Eigelbe mit dem Zucker zu einer hellen Creme schaumig schlagen. Die Milch und das Vanillemark dazugeben und das Ganze im heißen Wasserbad dickschaumig aufschlagen.

2 Die Gelatine in kaltem Wasser auflösen, ausdrücken, unter die Creme rühren und etwas stocken lassen. Die steif geschlagene Sahne unter die Creme heben. Dessertförmchen mit kaltem Wasser ausspülen, die Creme einfüllen und im Kühlschrank etwa 2 Stunden fest werden lassen. Die Himbeeren verlesen. Zum Servieren die Creme auf Dessertteller stürzen, mit den Himbeeren garnieren und mit Puderzucker bestreut servieren.

Für 4 Personen

Zubereitungszeit:
20 Minuten
(ohne Wartezeit)

Zutaten

2 Eigelb
57 g Zucker
250 ml Milch
Mark von 1 Vanilleschote
3 Blatt Gelatine
250 ml geschlagene Sahne
100 g frische Himbeeren
Puderzucker

Wirtschaftswunderzeit

Persönlichkeiten und wichtige Ereignisse in dieser Zeitepoche

Anfang Mai 1945 endete der Zweite Weltkrieg in Europa mit der bedingungslosen Kapitulation der deutschen Wehrmacht.
Deutschland wurde von den alliierten Siegermächten Sowjetunion, USA, Großbritannien und Frankreich kontrolliert, die mit Hilfe von Militärregierungen die oberste Staatsgewalt ausübten. Deutschland wurde in vier Besatzungszonen und Berlin in vier Sektoren aufgeteilt.
Auch die Regierungschefs der Alliierten, Charles de Gaulle, Josef Stalin, Winston Churchill und Harry Truman, verkündeten ihren Landsleuten die erfreuliche Nachricht vom Frieden.
Im zerstörten Deutschland löste diese Nachricht durchaus auch widersprüchliche Gefühle aus. Erleichterung mischte sich mit der Sorge um die Zukunft. Besonders in den von den Sowjets besetzten Gebieten verspürten die Menschen Angst vor Vergeltungsaktionen. Zudem prägten Armut, Kälte, Krankheiten und Hunger ihren Alltag und Millionen von Männern befanden sich in Kriegsgefangenschaft. Aber als die deutsche Bevölkerung wieder zur Ruhe kam und keine Bombenabwürfe mehr fürchten musste, wurden die Ärmel hochgekrempelt und der Wiederaufbau wurde in Angriff genommen. Die Menschen waren froh, am Leben zu sein, wen störte da noch die Arbeit, die vor einem lag? Viele, die überlebt hatten, lebten in Trümmern und begannen unter schwierigsten Bedingungen mit den Aufräumarbeiten. Nach dem Krieg waren die meisten Großstädte Deutschlands Ruinenlandschaften. Weil viele Männer im Krieg gefallen oder in Kriegsgefangenschaft geraten waren, machten sich die überlebenden Frauen daran, die Trümmer des Krieges wegzuräumen.
Für die sogenannten Trümmerfrauen bedeutete das schwere, harte Arbeit, denn die zerstörten Gebäude mussten Stein für Stein weggeräumt werden, und das mit nur wenig Werkzeug. In kleinen Eimern reichten sie den Schutt von Hand zu Hand weiter, denn die Trümmer des Krieges waren die Substanz für den Wiederaufbau.
Die Ernährungssituation nach dem Krieg war schlecht. Die Menschen litten Hunger und die Lebensmittelversorgung reichte in der Stadt nicht aus. Das hatte zur Folge, dass viele Leute zu den Bauern aufs Land fuhren und ihre kostbarsten Sachen (sofern sie noch welchen besaßen) gegen lebenswichtige Nahrungsmittel tauschten oder einfach bettelten. Kar-

toffeln, Eier oder Speck waren wertvoll und schützten vor Hungerleiden. Die Fahrten aufs Land sind unter dem Namen Hamsterfahrten in die Geschichte eingegangen.
Der beginnende Kalte Krieg bestimmte den Neuanfang in Deutschland. Die Sowjetunion gestaltete ein kommunistisches System in der Ostzone nach ihrem Vorbild. Die Westmächte hingegen vertraten eine bürgerlich-demokratische Gesellschaft. Der Gegensatz zwischen Kommunismus und Kapitalismus nahm ab 1946 zu und die Teilung Deutschlands rückte näher.
Am 5. Juni 1947 präsentierte der amerikanische Außenminister George C. Marshall den sogenannten Marshall-Plan. Dieser sah vor, die Wirtschaft in Europa wieder anzukurbeln und auch gleichzeitig die Ausbreitung des Kommunismus zu verhindern.
Auf der Marshall-Plan-Konferenz in Paris einigten sich 16 europäische Staaten auf eine gemeinsame wettbewerbsorientierte Wirtschaftsordnung. Die osteuropäischen Länder nahmen unter dem Druck der UdSSR an der Konferenz nicht teil.
1948 lief der Marshall-Plan an, die USA stellten Kredite bereit und lieferten alle möglichen Waren und Lebensmittel. Zwischen den Jahren 1948 und 1952 wurden insgesamt rund 12,4 Milliarden Dollar bereitgestellt, wovon 1,5 Milliarden Dollar nach Westdeutschland flossen.
Voraussetzung für den wirtschaftlichen Wiederaufbau Deutschlands war eine neue Währung; die Währungsreform wurde vorbereitet: am 21. Juni 1948 wurde die D-Mark eingeführt. Löhne, Gehälter und Mieten wurden ab sofort im Verhältnis 1:1 umgewertet.
Am 1. Juli 1948 forderten die Westmächte mit den „Frankfurter Dokumenten“ die Ministerpräsidenten der Länder auf, die Gründung eines westdeutschen Staates einzuleiten. Der Parlamentarische Rat wurde beauftragt, ein Grundgesetz zu erarbeiten. Am 1. September 1948 kam der Rat in Bonn unter seinem Präsidenten Konrad Adenauer zusammen und das Grundgesetz trat am 23. Mai 1949 in Kraft. Damit war die Bundesrepublik Deutschland gegründet.
Die 1950er-Jahre standen unter dem Motto „Es geht wieder aufwärts“. Zerstreuung boten kulturelle Angebote, man amüsierte sich wieder. Die jungen Damen drehten sich in ihren Petticoats zu den Klängen Elvis Presleys und Bill Haleys und die jungen Männer trugen Haartollen und Lederjacken à la James Dean.

Konrad Adenauer

Die Politiker-Legende Konrad Adenauer wurde am 5. Januar 1876 in Köln geboren. Nach dem Abitur 1894 studierte er Rechts- und Staatswissenschaft.
In der Juristerei fand Adenauer allerdings nicht seine Berufung und so wechselte er ins Kölner Rathaus. Beim Ausbruch des Ersten Weltkriegs war er stellvertretender Bürgermeister und meisterte mit seinem großen Organisationstalent die Krise für die Kölner. Nach einigen privaten Schicksalsschlägen wurde Adenauer 1917 Oberbürgermeister von Köln und förderte mit seinem Weitblick Großprojekte, wie die Kölner Messe, eröffnete die Universität zu Köln und die Kölner Werkschulen, wodurch er die Stadt allerdings auch hoch verschuldete.
Als die Nationalsozialisten 1931 in einer nächtlichen Aktion die Kölner Rheinbrücken mit Hakenkreuzfahnen beflaggten, ließ Adenauer die Fahnen umgehend wieder entfernen. Durch diese Entscheidung geriet er in den Fokus der SA.
Nach der Machtübernahme Hitlers unterlag die Zentrumspartei bei den Kommunalwahlen am 12. März 1933 in Köln und Adenauer wurde durch die NSDAP seines Amtes enthoben. Diese Entmachtung war illegal, denn der Oberbürgermeister hatte gar nicht zur Wahl gestanden. Von nun an fühlte sich Adenauer vor den Nationalsozialisten nicht mehr sicher. Am 30. Juni 1934 wurde er in Zusammenhang mit dem Röhm-Putsch für zwei Tage festgenommen. (Als Röhm-Putsch werden die Umstände im Juli 1934 bezeichnet, bei denen die Nationalsozialisten die Führung der SA einschließlich des Stabschefs Ernst Röhm ermordete).
Als die Alliierten Deutschland befreiten, machten die Amerikaner Adenauer in Köln wieder zum Oberbürgermeister. Allerdings wurde er seines Amtes wieder enthoben, als die Briten fünf Monate später die Hoheit über Köln erhielten. Als er sich weigerte, den von ihm geschaffenen Grüngürtel abzuholzen, damit die Menschen etwas zu heizen hätten, wurde Adenauer wegen Ungehorsam aus dem Rathaus gejagt.
Darauf suchte Adenauer nach neuen Möglichkeiten, seine politische Karriere voranzutreiben. Er brachte sich aufgrund seiner parlamentarischen Erfahrungen während der Weimarer Republik an die Spitze der neu gegründeten CDU.
1948 wurde er zum Vorsitzenden des Parlamentarischen Rates gewählt und arbeitete tonangebend an der Verfassung für den zukünftigen deutschen Weststaat mit. Von den Alliierten quasi als Vertreter der Deutschen gesehen, genoss er hohe Akzeptanz, auch aufgrund

der Ablehnung durch die Nazis.
1949 wurde Adenauer vom Bundestag zum ersten Kanzler der jungen Bundesrepublik Deutschland gewählt und amtierte 14 Jahre lang im Palais Schaumburg.
Als absoluter Glanzpunkt seiner Karriere ist sicherlich die Reise nach Moskau 1955 anzusehen, als es ihm mit viel Geschick gelang, 10.000 Kriegsgefangene wieder in die Heimat zurückzuholen. Auch der Beginn einer Versöhnung mit Israel und mit Frankreich gehört zu seinen großen Verdiensten. Am 14. September 1958 begab sich Adenauer aufgrund einer Einladung von Charles de Gaulle als Vertreter eines besiegten Landes nach Frankreich. (Adenauer war der einzige Politiker, der jemals von de Gaulle in dessen privates Landhaus in Colombey-les-Deux-Eglises eingeladen wurde.) Nach zwei Tagen vertraulicher Vieraugengespräche war die Zeit des deutsch-französischen Gegeneinanders für immer vorbei. Von nun an sollten Verständigung, Freundschaft und enge politische Zusammenarbeit zwischen den beiden Völkern die europäische Einigung sichern und den Weltfrieden wahren.
Der in seiner Amtszeit stattfindende Mauerbau 1961 ließ seine Politik der Westbindung und damit eine Wiedervereinigung als gescheitert erscheinen. Bei der darauffolgenden Wahl 1961 verlor er zwar die absolute Mehrheit, doch gelang es ihm, erneut Kanzler zu werden.
Am 15. Oktober 1963 trat Adenauer als Bundeskanzler zurück, sein Nachfolger wurde Ludwig Erhard.
Am 19. April 1967 starb Konrad Adenauer im Alter von 91 Jahren. An seiner Beerdigung nahmen zahlreiche Staatsoberhäupter und Außenminister teil.
Als gebürtiger Kölner war Konrad Adenauers von der lokalen Küche sehr angetan, zu seinen Lieblingsspeisen zählten Rheinischer Sauerbraten und Endivienjemangs.

Rheinischer Sauerbraten

Für 4 Personen

Zubereitungszeit: 30 Minuten (ohne Wartezeit)

Kochzeit: 1 Stunde, 30 Minuten

Zutaten

Für die Marinade

2 Zwiebeln
250 ml Rotweinessig
4 Nelken
2 Lorbeerblätter
10 Wacholderbeeren
1 TL Senfkörner
½ TL Pfefferkörner

Für den Braten

1 kg Rindfleisch aus der Oberschale
1 EL Butterschmalz
2 Zwiebeln
100 g Rosinen
3 EL Rübenkraut
Salz
Pfeffer
1 TL Speisestärke

Zubereitung

1 Die Zwiebeln schälen und in Ringe schneiden. Den Rotweinessig mit 500 ml Wasser und allen übrigen Gewürzen in einen Topf füllen, kurz aufkochen und abkühlen lassen. Das Rindfleisch in eine große Schüssel legen, mit den Zwiebeln belegen und mit der Marinade begießen. Mit Folie abgedeckt für 4–6 Tage im Kühlschrank marinieren lassen. Das Fleisch hin und wieder in der Marinade wenden.

2 Das Fleisch aus der Marinade nehmen und gut trockentupfen. Die Marinade durch ein Sieb gießen und auffangen. Das Butterschmalz in einem Bräter stark erhitzen und das Fleisch von allen Seiten darin anbraten. Die Zwiebeln schälen, achteln und zusammen mit den Rosinen und einer Tasse von der Marinade hinzufügen. Das Rübenkraut, Salz und Pfeffer zum Fleisch geben und alles für 1 ½ Stunden im geschlossenen Topf schmoren. Wenn zu wenig Flüssigkeit im Topf ist, mit heißem Wasser oder Marinade auffüllen.

3 Nach der Garzeit das Fleisch aus dem Topf heben. Die Soße mit Speisestärke, die in wenig Wasser aufgelöst wird, andicken und nochmals abschmecken. Das Fleisch in dünne Scheiben schneiden, auf einer Fleischplatte anrichten und mit etwas Soße begießen. Die übrige Soße separat servieren und dazu Kartoffelklöße und frisches Apfelmus reichen.

Endivienjemangs

Zubereitung

1 Die Kartoffeln schälen, vierteln und in Salzwasser etwa 20 Minuten garen. Den Endiviensalat putzen, von den äußeren Blättern befreien und in sehr feine Streifen schneiden. Den Salat waschen und gründlich trockenschleudern. Die Zwiebel schälen und in kleine Würfel schneiden. Aus Zwiebelwürfeln, Zitronensaft, Salz, Pfeffer und Öl eine Marinade rühren und unter den Endiviensalat mischen.

2 In einer großen Pfanne die Speckwürfel knusprig braun braten. Die Kartoffeln abgießen. Heiße Milch, Salz, Pfeffer und Muskatnuss zufügen und grob stampfen. Zum Servieren zuerst den Salat portionsweise auf tiefen Tellern verteilen, darauf den Kartoffelpüree geben und zuletzt den Speck. So kann jeder die eigene Speise „vermengen".

Jemangs ist ein rheinischer Ausdruck und bedeutet frei übersetzt „Vermengtes".

Für 4 Personen

Zubereitungszeit: 15 Minuten

Kochzeit: 20 Minuten

Zutaten

700 g Kartoffeln
1 großer Endiviensalat
1 große Zwiebel
Saft von 1 Zitrone
Salz
Pfeffer
3–4 EL Sonnenblumenöl
120 g Speckwürfel
250–300 ml Milch
Muskatnuss

Apfelkuchen vom Blech

Für 4 Personen

Zubereitungszeit: 25 Minuten

Backzeit: 50–60 Minuten

Zutaten

1 kg Äpfel
Saft von 1 Zitrone
300 g Butter
300 g Zucker
2 EL Vanillezucker
1 Prise Salz
5 Eier
300 g Mehl
1/2 Packg. Backpulver
Schalenabrieb von 1 Zitrone
2 EL Aprikosenmarmelade

Zubereitung

1 Die Äpfel waschen, schälen, halbieren, vom Kerngehäuse befreien und die Apfelhälften in Scheiben schneiden. In einer Schüssel mit dem Zitronensaft beträufeln, damit sie nicht braun werden.

2 Die zimmerwarme Butter mit Zucker, Vanillezucker und Salz mit dem Mixer schaumig rühren. Die Eier nach und nach dazugeben. Das Mehl mit dem Backpulver mischen und langsam unter die Masse geben. Die Zitronenschale unter den Teig rühren.

3 Den Backofen auf 160 °C vorheizen. Das Backblech mit Backpapier auslegen und den Teig etwa 2 cm dick aufstreichen. Die Apfelscheiben dicht an dicht auf den Teig setzen. Im Backofen etwa 50–60 Minuten backen.

4 Den Kuchen aus dem Backofen nehmen und abkühlen lassen. Die Aprikosenmarmelade in einem Topf erhitzen und über den Kuchen streichen. Den Kuchen in Stücke schneiden und mit Schlagsahne, Kaffee, Tee oder Kakao servieren.

Theodor Heuss

Theodor Heuss wurde am 31. Januar 1884 in Brackenheim geboren und studierte nach dem Abitur in München und Berlin Nationalökonomie und Kunstgeschichte.
Für den Militärdienst als untauglich eingestuft, musste er weder im Ersten noch im Zweiten Weltkrieg kämpfen.
1924 zog er für die DDP (Deutsche Demokratische Partei) in den Reichstag. Sein Buch über Adolf Hitler, das 1932 veröffentlicht wurde, brachte ihm den Zorn der Nationalsozialisten ein, was zur Folge hatte, dass er sein Reichstagsmandat und seine Lehrtätigkeit an der Hochschule für Politik verlor. Jedoch konnte er, teilweise unter einem Pseudonym, bis Kriegsende weiter publizieren.
1946 wurde Heuss zum Vorsitzenden der „Demokratischen Volkspartei in der US-Zone". Des Weiteren wirkte er bei der Bildung des Bundesverbands der liberalen westdeutschen Parteien mit, aus dem sich im Dezember 1948 die Freie Demokratische Partei (FDP) gründete, deren erster Bundesvorsitzender er wurde. Als Mitglied des Parlamentarischen Rats hatte er großen Anteil an der Abfassung des deutschen Grundgesetzes.
1949 wurde Heuss zum ersten Bundespräsidenten der Bundesrepublik Deutschland gewählt. Er machte es sich zum Ziel, das schlechte Ansehen Deutschlands in der Weltöffentlichkeit zu verbessern.
Zunächst hielt sich die Weltgemeinschaft mit Kontakten zurück, was sich allerdings mit einer Einladung Griechenlands änderte. Der Staatsbesuch wurde ein großer Erfolg und zahlreiche Athener waren auf den Straßen, um das deutsche Staatsoberhaupt zu begrüßen. Zwar blieben ausländische Botschafter dem offiziellen Empfang demonstrativ fern, aber es folgte eine Einladung der Türkei, welcher er im Mai 1957 nachkam.
1954 wurde er bei der Wahl des deutschen Bundespräsidenten mit 88,2 % Zustimmung im ersten Wahlgang, ohne Gegenkandidat, wiedergewählt und blieb bis zum 12. September 1959 im Amt.
In seiner zehnjährigen Amtszeit hat Theodor Heuss als Bundespräsident der BRD mit Würde, Persönlichkeit und Geist dazu beigetragen, mögliche Vorurteile in der Weltöffentlichkeit gegen die Deutschen abzubauen.
Am 12. Dezember 1963 starb Theodor Heuss in Stuttgart.
Als gebürtiger Baden-Württemberger dürfte er der bodenständigen Küche dieser Region zugetan gewesen sein.

DEUTSCHE
BUNDESPOST
1 DM

Gefüllte Maultaschen

Für 4 Personen

Zubereitungszeit:
45 Minuten
(ohne Wartezeit)

Kochzeit: 55 Minuten

Zutaten

Für die Brühe

2 Zwiebeln
2 Knoblauchzehen
2 Möhren
1/4 Sellerieknolle
1 Lauchstange
1 EL Butterschmalz
2 EL Tomatenmark
Salz
Pfeffer
Chiliflocken

Für die Maultaschen

400 g Mehl
3 Eier
Salz

Zubereitung

1 Für die Brühe Zwiebeln und Knoblauch schälen und die Zwiebeln in grobe Stücke schneiden. Das Gemüse putzen, waschen und ebenfalls in grobe Stücke schneiden. Das Butterschmalz in einem hohen Topf auslassen und die Zwiebeln und das Gemüse darin anrösten. Knoblauch und Tomatenmark dazugeben und andünsten. Mit 1,5 Liter Wasser ablöschen und mit Salz, Pfeffer und Chiliflocken würzen. Die Suppe bei mittlerer Hitze etwa 45 Minuten kochen lassen. Anschließend durch ein Sieb passieren und eventuell erneut mit Salz, Pfeffer und Chili abschmecken.

2 Aus den Teigzutaten mit lauwarmem Wasser (pro Ei wird etwa eine halbe Eischale Wasser gerechnet) einen glatten, blasenfreien Teig kneten. Vor der weiteren Verarbeitung abgedeckt 30 Minuten ruhen lassen.

3 In der Zwischenzeit für die Füllung die Brötchen in Wasser einweichen, ausdrücken, zerzupfen und mit den Eiern, der fein gehackten Zwiebel und der Petersilie vermengen. Das Hackfleisch mit dem Brät vermischen, die Brötchenmasse unterarbeiten und das gewürfelte Rauchfleisch zugeben. Den aufgetauten, aber noch kalten Spinat unter die Masse geben und alles kräftig mit Salz, Pfeffer und Muskatnuss würzen.

4 Den Maultaschenteig auf einer mit Mehl bestreuten Arbeitsfläche messerrückendick ausrollen und in etwa 10 cm große Quadrate schneiden. Die Ränder mit Eiweiß bestreichen und je Quadrat etwas Füllung in die Mitte setzen. Die Teigstücke zusammenklappen und die Ränder fest andrücken oder rändern. Die Brühe zum Kochen bringen und die Maultaschen darin etwa 10 Minuten garen. Die Maultaschen auf tiefen Tellern portionieren und mit der heißen Brühe übergießen.

Für die Füllung

2 Brötchen (altbacken)
2 Eier
1 fein gehackte kleine Zwiebel
½ Bund gehackte Petersilie
100 g Rinderhackfleisch
100 g Bratwurstbrät
100 g klein gewürfeltes Rauchfleisch
400 g tiefgekühlter Spinat
Salz
Pfeffer
Muskatnuss

Außerdem

Mehl für die Arbeitsfläche
1 Eiweiß

Käsespätzle

Für 4 Personen

Zubereitungszeit:
25 Minuten

Kochzeit: einige Minuten

Zutaten

Für die Spätzle

500 g Mehl
4 Eier
1–2 TL Salz
½ TL Öl
150 g geriebener Käse

Für die Röstzwiebeln

2 Gemüsezwiebeln
1 EL Butterschmalz
Salz
Pfeffer

Für den grünen Salat

Saft von 1 Zitrone
1 TL Honig
Salz
Pfeffer
3 EL Öl
1 klein gewürfelte Zwiebel
1 großer Kopfsalat, gewaschen und verlesen

Zubereitung

1 Das gesiebte Mehl mit Eiern und Salz in eine Schüssel geben. Nach und nach unter Rühren 250 ml Wasser zugeben und den Teig so lange schlagen, bis er Blasen wirft.

2 In einem hohen Topf reichlich Salzwasser mit dem Öl zum Kochen bringen. Mit Hilfe eines Spätzlehobels den Teig portionsweise in das kochende Wasser geben und so lange sieden lassen, bis die Spätzle an der Wasseroberfläche schwimmen. Die Spätzle mit einem Schaumlöffel aus dem Wasser nehmen, kurz in kaltem Wasser abschrecken und anschließend warm stellen. Das Ganze wiederholen, bis der Teig aufgebraucht ist.

3 Die Gemüsezwiebeln schälen, in Ringe schneiden und im heißen Butterschmalz goldbraun rösten. Mit Salz und Pfeffer abschmecken und warm halten. Für den Salat aus Zitrone, Honig, Salz, Pfeffer, Öl und Zwiebelwürfeln eine Marinade rühren. Die Salatblätter in eine Schüssel geben, mit der Marinade begießen und gut verrühren. Die Käsespätzle schichtweise in eine Servierschüssel füllen und zwischen jede Schicht den Käse portionieren. Am Ende mit den Röstzwiebeln belegen. Käsespätzle mit Röstzwiebeln heiß zu Tisch bringen und mit dem grünen Salat servieren.

Für das Rezept wird ein Spätzlehobel benötigt, dieser ist im Fachhandel erhältlich.

Ofenschlupfer

Zubereitung

1 Eine Auflaufform gut einfetten und abwechselnd mit in dünne Scheiben geschnittenem Brot, geschälten, fein geschnittenen Äpfeln und den gewaschenen Rosinen auslegen.

2 Milch, Zucker und Zimt mit den Eiern verquirlen und über die Masse geben. Butterflöckchen darauf verteilen und im auf 200 °C vorgeheizten Backofen etwa 60 Minuten backen. Den Ofenschlupfer aus dem Backofen nehmen, reichlich mit Puderzucker bestreuen und in der Auflaufform zu Tisch bringen.

Für 4 Personen

Zubereitungszeit:
20 Minuten
Backzeit: 60 Minuten

Zutaten

1 EL Butter
6 Weißbrotscheiben
4 Äpfel
50 g Rosinen
500 ml Milch
50 g Zucker
Zimt
2 Eier
Butterflöckchen
Puderzucker

Ebenfalls im Regionalia Verlag erschienen:

ISBN 978-3-939722-80-9

ISBN 978-3-939722-31-1

ISBN 978-3-939722-18-2

ISBN 978-3-95540-155-9

Jeweils 128 Seiten • 16,5 × 19,8 cm • Hardcover • 6,95 €